Höllen
fahrten

Höllenfahrten

Forscher, Abenteurer und Besessene

herausgegeben von Wolfgang Ebert

vgs

Das Buch entstand parallel zu der gleichnamigen Serie des ZDF

Die Deutsche Bibliothek - CIP-Einheitsaufnahme

Höllenfahrten: Forscher, Abenteurer und Besessene / hrsg. von Wolfgang Ebert. -
1. Aufl. - Köln: vgs, 1998
ISBN 3-8025-2568-X

1. Auflage 1998

Gestaltung und Produktion: Motovun Verlagsgesellschaft
Bildredaktion: Benedikt Schönborn, Motovun Verlagsgesellschaft
Redaktion: Susanne George, vgs verlagsgesellschaft

Umschlaggestaltung: Papen Werbeagentur, Köln
Umschlagfotos: Atlantis-Film / Eike Schmitz; Wolfgang Ebert
Satz: F. X. Stückle, Ettenheim
Fotolitho: Job Color, Gorle / Bergamo
Druck und Verarbeitung: Rotolito Lombarda, Pioltello / Milano
Printed in Italy
ISBN 3-8025-2568-X

Besuchen Sie unsere Homepage im WWW
http://www.vgs.de

Frontispiz: Pieter Bruegel d. J., Der Sturz der aufrührerischen Engel (Detail)

Inhalt

Vorwort

Der Mensch *kommt nicht so weit er will,*
sondern so weit er kann.

Vasco Núñez de Balboa

Die Hölle ist einer der ältesten Alpträume der Menschheit, bedingt durch die Furcht vor dem unbekannten, dem unentdeckten Land, aus dem kein Wanderer zurückkehrt. Die Hölle, das ist der Strafort, an dem unendliche Qualen erlitten werden. Bilder von Bruegel oder Rubens sind es, die drastisch das Martyrium beschwören, das zum Teil noch immer unsere Vorstellung vom Begriff *Höllenfahrten* prägt, auch wenn inzwischen die religiöse Bedeutung nahezu verlorengegangen ist.

In diesem Buch werden Geschichten erzählt, die eine große Faszination ausüben, weil in ihnen unsere Alpträume Wirklichkeit geworden sind. *Höllenfahrten*, das sind Abenteuer am Abgrund, ist Leben auf Messers Schneide. Im Mittelpunkt der spannenden Berichte stehen Menschen, die durch die Hölle gehen, Menschen, die sich aufgrund heroischer und oft tragischer Ereignisse einer scheinbar aussichtslosen Lage gegenübersehen und extreme Herausforderungen sowohl psychischer als auch physischer Art bestehen müssen. Die Abenteuer der Besessenen oder Getriebenen, Exzentrischen oder Infamen lassen uns gemäßigtere Durchschnittsnaturen oftmals erschauern, nötigen uns bisweilen aber auch Bewunderung ab.

Die „Höllenfahrer", die wir vorstellen, sind Abenteurer und Forscher, Phantasten und Visionäre, die in den vergangenen Jahrhunderten durchs Fegefeuer gingen, als sie ihr Leben bei dem Versuch aufs Spiel setzten, die letzten weißen Flecken von der Landkarte zu tilgen – wie der ehrgeizige Schwede Salomon August Andrée, der 1897 mit einem Ballon zum Nordpol fahren wollte und auf tragische Weise scheiterte. Oder Menschen wie die englische Auswandererfamilie Sermon, die 1856 im Namen des Glaubens ihre Habe auf einem Holzkarren 2000 Kilometer durch den Wilden Westen zog und die furchtbarsten Entbehrungen durchstehen mußte. Und dann die gequälten Überlebenden des gruselerregenden Schiffbruchs der *Batavia* vor fast vierhundert Jahren. Jene, die das Grauen der Inselhölle der Abrolhos im Indischen Ozean überlebten, hätten Goethe kaum zugestimmt, der voll romantischer Sehnsucht schrieb: „Man sollte oft wünschen, auf einer der Südseeinseln als sogenannter Wilder geboren zu sein, um nur einmal menschliches Dasein ohne falschen Beigeschmack, durchaus rein zu genießen."

„Höllenfahrer" sind auch Heimgesuchte unserer Tage, die durch plötzliches Unglück Martyrien durchleiden – Menschen, die auf allzu dünnem

Seil über dem Abgrund balancieren und wider alle Voraussicht festen Boden erreichen, um uns ihre erschütternden Geschichten erzählen zu können, wie der im Vietnamkrieg abgeschossene Pilot, dem es als einzigem Gefangenen gelingt, der Hölle eines Dschungel-Gefängnisses in Laos zu entkommen. Oder die beiden wagemutigen Kanuten, die im Hexenkessel der Zambezi-Strudel den Spuren des berühmten Forscher-Missionars Livingstone folgen, der sich vor 150 Jahren zu Fuß 40 000 Kilometer kreuz und quer durch Afrika quälte.

Natürlich sind auch die zurückgelegten Wege „Hauptdarsteller" – die Höllenfahrten durch dramatische Landschaften, Sand- und Eiswüsten, sturmgepeitschte Meere, himmelstürmende Gebirge und die „grüne Hölle" des Urwalds.

Ihr Anblick ließ die Menschen zu Stein erstarren – das Haupt der Medusa ist zum Inbegriff von Schrecken und Gefahr geworden.

Ich hoffe, daß dieses Buch einlöst, was der Titel beim Leser an Erwartungen hervorruft: Dramatik und Abenteuer, Spannung und Mitleid, Staunen, Sehnsucht, aber auch eine gedankliche Auseinandersetzung mit dem Geschilderten, werden doch in den *Höllenfahrten* Leidenschaften, Ängste und Grenzerfahrungen beschrieben, die zu den zentralen Lebensthemen des Menschen gehören. Wer durch die Hölle geht, erfährt das Leben von seiner bedrohlichen Seite, und er erfährt das eigene Ich.

Wolfgang Ebert

Flucht aus Laos

Die Person *Hier wird beschrieben, wer Dieter Dengler ist, wie er oftmals Türen öffnet und wie er sich beinahe tätowieren läßt. Es wird auch beschrieben, was er unter seinem Haus versteckt hält.*

Dieter Dengler ist 58 Jahre alt, mittelgroß, kräftig. Daß in ihm ein schier unvorstellbares Durchhaltevermögen steckt, sieht man ihm nicht direkt an. Oft sind Menschen gezeichnet und geprägt von Ereignissen, die ihnen in ihrem Leben widerfuhren, besonders in Zeiten von Krieg und anderen Phasen von äußerster Intensität. Man sieht sie auf der Straße oder im Auto. Ihr Leben scheint normal, aber das stimmt nicht.

Dieter Dengler redet heute von seiner Höllenfahrt als dem „spaßigen Teil“ seines Lebens, aber die Schatten der Vergangenheit folgen ihm noch heute.

Denglers Englisch merkt man noch immer seine deutsche Herkunft an. Seine Muttersprache hat er nicht verloren; er schwäbelt leicht und flicht bisweilen englische Grammatik mit ein. Er lacht viel und gerne, und sein Gesicht hat oft etwas Strahlendes. Beim Lachen entblößt er seine blendendweißen, ebenmäßigen Zähne. Die Zahnlücke vorne, die von seiner Gefangenschaft herrührt, ist gut überbrückt. Die Narben von den Folterungen sind kaum sichtbar; man erkennt sie indes, wenn er darauf hinweist. Seinen Füßen sieht man drei Jahrzehnte später noch an, daß er barfuß im Dschungel unterwegs war und daß, als man ihn fand, Maden aus ihnen krochen. In der Gegenwart von Frauen entwickelt Dengler unerhörten Charme und eine solche Intensität der Zuwendung, daß Frauen, die ihn nur für Minuten gesehen haben, noch Jahre später minutiöse Erinnerungen an die Begegnung bewahren. Dengler ist ein außerordentlicher Erzähler, lebendig, plastisch, mimisch. Er wirkt erstaunlich gesund, als sei er gänzlich unzerbrochen und heil aus seiner Höllenfahrt herausgekommen, und doch hat seine Stimme einen anderen Klang, wenn er beiläufig davon spricht, die Zeit seiner Gefangenschaft und Flucht sei der spaßige Teil seines Lebens gewesen.

Dengler liebt es, Türen aufzureißen und wieder zuzuschlagen. Wenn er aus dem Wagen steigt, schlägt er die Tür zu, geht dann aber um den Wagen herum, reißt die Beifahrertür auf, schlägt sie zu, reißt sie wieder auf und schlägt sie nochmals zu. Manchmal vergißt er sich dabei und erreicht seine Haustüre erst spät. Die öffnet er von außen und schlägt sie wieder zu, ohne hineinzugehen. Hat er das wiederholt und sich daran weidlich gefreut, tritt er ein, und von außen sieht man, wie er die Türe von innen noch mehrmals öffnet und schließt. Das, sagt er, tue er sehr gerne, denn als Gefangener habe er gelernt, was für ein Privileg, was für eine Gnade Gottes es sei, daß wir in der Lage seien, Türen zu öffnen. Später, dem Tode nahe, habe er nicht einmal mehr die Kraft gehabt, eine unversperrte Türe aufzumachen.

In einem der Läden von Tattoo City hat Dengler den Entwurf für eine Tätowierung anfertigen lassen. Als er die Zeichnung sieht, bläst er das Unternehmen zunächst ab. Der Künstler hat Pferde gezeichnet, die einem in wilder Panik direkt entgegensprengen; sie ziehen eine Kutsche, die fast umkippt. Das Entsetzen der Pferde rührt vom Kutscher her, der sie vorwärtspeitscht. Der Kutscher ist der Tod; um die Kutsche wallende Wolken. Nein, moniert Dengler, als er am Sterben gewesen sei, als er höchstens noch einen Tag zu leben glaubte, da habe er Visionen gehabt von riesigen Toren, die sich in den Wolken geöffnet hätten: die Tore aber fehlten. Und dann sei es nicht der Tod gewesen, der die Pferde getrieben habe, es sei ein Engel gewesen. Der Tod habe ihn nicht gewollt. Der Tod habe ihn nicht gewollt. Er sagt das zweimal.

Dieter Dengler lebt seit 15 Jahren am Mt. Tamalpais nördlich von San Francisco. Das Haus ist das höchste am Berg; weiter Blick rundum, die Bucht von San Francisco silbrig in der Ferne, Habichte kreisen im Aufwind. Im Innern des Hauses, im ersten Vorraum, fallen sofort fünf oder sechs Ölgemälde auf, die nichts anderes zeigen als offene Türen. Dengler ist stolz, das Haus ganz allein gebaut zu haben. Es ist das dritte, das er mit seinen eigenen Händen errichtet hat.

Das Haus hat große Fenster, offener Blick überall, das Gefühl von Freiheit, sagt er. Auf der Veranda das Modell eines Jagdflugzeugs, im Wohnraum an der Decke ein weiteres, daneben ein Zeppelin, mehr als mannsgroß; alles selbst gebaut. Kleine Motoren betreiben die Propeller. Dengler klettert, ohne daß man ihn bittet, auf die Küchenanrichte und prüft, ob die Motoren auch noch funktionieren. Sie funktionieren. Das freut ihn. Der Eisschrank ist randvoll gefüllt. Ja, Essen sei sehr wichtig für ihn. Als man ihn gefunden habe, habe er nur noch 44 Kilo gewogen. Ein Foto existiert von damals, das ihn zum Skelett abgemagert zeigt: Hände, die ihn aufgerichtet haben, stützen ihn von der Seite. Sein Haar ist wirr, und er hat einen Bart; in seinem Blick ist eine seltsame Entrückung, die man sonst nur bei Sterbenden sieht.

Die Speisekammer ist ebenfalls randvoll gefüllt. Dengler indes empfindet sie als halbleer, bemerkt aber beiläufig, daß er *da unten* noch ein wenig mehr habe. Auf dringliche Nachfrage räumt er maulend die untersten Regale der Kammer frei, entfernt die Bretter und ein Stück Bodenbelag;

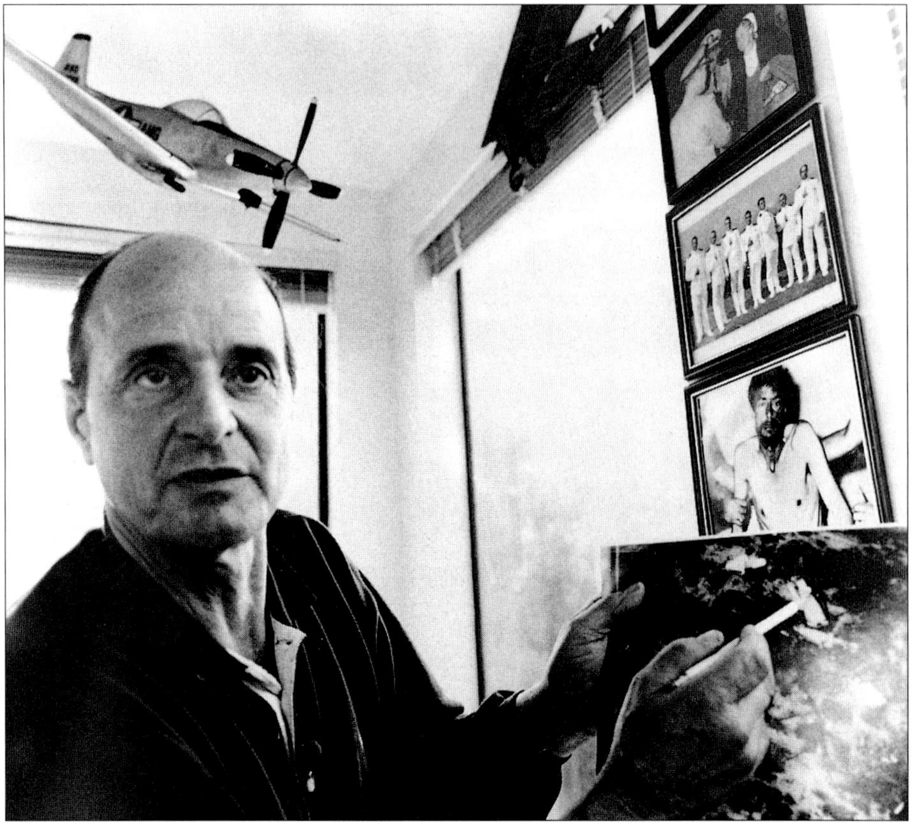

Das Turmzimmer in Denglers Haus mit Erinnerungsstücken. Das Foto der Absturzstelle wurde vierzig Minuten nach seinem Crash von der amerikanischen Luftaufklärung gemacht, bevor die gegnerischen Pathet Lao und Vietcong-Truppen das Wrack erreichten.

dann sieht man die Umrisse einer kleinen Falltür. *Da unten* ist ein Versteck unter dem Boden, in dem er tausend Kilo Reis, zwölfhundert Kilo Mehl, dreihundert Kilo Honig und tausend Gallonen Trinkwasser in vakuumversiegelten Plastiktonnen gebunkert hat. Er werde das wohl mit einiger Sicherheit nie in seinem Leben benötigen, aber nachts schlafe er einfach besser, weil er wisse, was er gelagert habe. Für eine gewisse Zeit nach seiner Rückkehr aus Vietnam habe er ernsthaft mit dem Gedanken gespielt, ein Restaurant mit deutscher Küche zu eröffnen; sein Plan war, es mit Vorräten vollzupacken. Er wäre dann nie wieder hungrig gewesen.

Oben im Haus, in einem kleinen Turmzimmer mit Fenstern rundum, bewahrt er seine Fotos und Trophäen auf. Er ist einer der höchstdekorierten Soldaten der USA. Seine Orden hängen eingerahmt unter Glas. Da ist das Navy Cross, das Purple Heart, das Distinguished Flying Cross. Nein, sagt er, ein Held sei er nicht; nur die, die tot seien, die ihr Leben gegeben hätten, seien Helden. Einen Helden, der lebt, könne es allein deshalb nicht geben. In einer Ecke hängt das Schwert des Ignatius von Loyola, das vom Papst gesegnet und von einem Bischof übergeben wurde. Nur der FBI-Chef J. Edgar Hoover hatte es bisher vor ihm bekommen und nach

Dengler mit Admiral Conolly, der für ihn nach seiner Flucht aus der Hölle sein Bett auf dem Flugzeugträger räumte. Dengler ist einer der höchstdekorierten Soldaten des Vietnamkriegs. Soldat wollte er aber nie wirklich sein, er wollte fliegen. Dengler quittierte den Dienst vorzeitig.

ihm der Astronaut John Glenn. Denglers Pilotenhelm steht in einem Regal, an der Decke hängt ein Propeller, und auf dem Treppengeländer hat er einen Fanghaken von einem Skyraider angebracht, der beim Landen auf einem Flugzeugträger in eines der quer gespannten Stahlkabel einklinken muß. Von diesem Haken hing sein Leben ab, denn hätte er sich nicht eingeklinkt, wäre sein Flugzeug über das Deck hinausgeschossen und ins Meer gestürzt.

Die Wände sind mit Fotos bedeckt: Kameraden vom Flugzeugträger *Ranger*, seine Eltern, Dengler kurz nach seiner Rettung, sein Flugzeug beim ersten und zugleich letzten Start Richtung Nordvietnam. Ein Freund, der das Bild aufnahm, hat es ihm erst vor kurzem geschickt. Dann ein Foto von der amerikanischen Luftaufklärung, nur dreißig Minuten später aufgenommen. Es zeigt die Trümmer seiner Maschine. Die Verwüstung ist so endgültig, daß man sich schwer vorstellen kann, wie das jemand überleben konnte. Am Boden eine Schleifspur, als habe ein Meteorit eingeschlagen. Es gibt noch ein zweites Foto seines Wracks, das dreißig Jahre später wiederum von der Luftaufklärung fotografiert wurde. Der Urwald hat die Lichtung zum Teil wieder überwachsen, aber die größeren Trümmer sind noch zu erkennen. Die Verkleidung aus Aluminium und alles andere, meint Dengler, seien von Dorfbewohnern zu Haushaltsgerät und Kochtöpfen verarbeitet worden.

Dann sind da die Bilder seiner Eltern. Sein Vater in Wehrmachtsuniform, den Stahlhelm so weit ins Gesicht geschoben, daß man die Augen nicht sehen kann. Der Vater, der schon bald von der Front nach Hause berichtete, daß der Krieg eine Katastrophe und niemals zu gewinnen sei, fiel bei Krakau, von Granatsplittern getroffen. Ihn kennt Dengler nur aus Erzählungen und von Fotos, und er empfindet es als nie zu füllende Lücke, daß er ohne Vater aufgewachsen ist. Und doch sah er ihn einmal, im Moment der höchsten Not. Auch wenn es unwahrscheinlich klinge, beschwört Dengler, habe er seinen Vater als Retter gesehen. Als sein Freund Duane Martin, mit dem er zusammen im Urwald auf der Flucht war, von Dorfbewohnern mit einer Machete geköpft wurde und er, Dengler, in einem trockenen Bachbett fortrannte und die Verfolger nur knapp hinter ihm waren, da habe bei einer Gabelung des Bachbetts auf einmal sein Vater gestanden, vollkommen klar und scharf, wie auf einem Foto,

Wiedersehen mit dem totgeglaubten Sohn. Denglers Mutter wurde aus Calw im Schwarzwald nach San Diego eingeflogen.

und habe mit der Hand nach rechts gedeutet. Dorthin sei er gerannt, und nur Sekunden später hätten die Vietcong die Abbiegung nach links genommen.

Die Bilder von seiner Mutter sind freudvoller. Man sieht sie bäuerlich gekleidet bei ihrer Ankunft in den USA, wie sie von ihrem strahlenden Sohn umarmt wird. Er ist noch dünn und zerbrechlich, hat aber zu dem Zeitpunkt wieder zehn Kilo zugenommen. Die amerikanische Navy hatte sie zusammen mit seinem jüngeren Bruder erster Klasse nach San Diego eingeflogen. Das war der einzige Flug im Leben seiner Mutter, und zur Sicherheit hatte sie sich einen Karton voller schrumpeliger Äpfel von zu Hause mitgenommen; die aber hatte sie schon bald an Mitreisende verteilt. Als Essen serviert wurde, lehnte sie es ab, weil sie dachte, sie müsse dafür bezahlen, sie hatte ja kein Geld, und so kam sie nach zwei Zwischenstationen ziemlich ausgehungert an. Der Admiral, der sie abholen ließ, erkannte rasch die Situation und schickte eine Ordonanz in seinem Wagen los, die eine Mahlzeit aus der Kantine der Basis brachte. Seine Mutter durfte auch im Haus des Admirals wohnen. Am nächsten Tag um fünf Uhr in der Frühe gab es auf der Basis den ersten Alarm. Die Rettung rückte aus, weil seine Mutter sich aus dem dritten Stock abgeseilt hatte und außen am Haus hing, wo sie die Fenster putzte. Sie wollte sich erkenntlich zeigen. Dann buk sie Brot für den Admiral und die Offiziere, die von ihren Laiben begeistert waren. Am nächsten Tag wieder Alarm im Morgengrauen. Diesmal war seine Mutter splitternackt hinter dem Haus entdeckt worden, wo sie sich über den Blumenbeeten mit einem Gartenschlauch duschte. Sie wollte ganz einfach Wasser sparen.

Sein Traum

Hier wird erzählt, wie der Kleine Dieter einem angreifenden Piloten direkt ins Gesicht sah und wie er von da an selbst fliegen wollte. Hunger, Nachkriegszeit und seine bitteren Lehrjahre. Dieter wandert in die USA aus und wird Pilot.

Dieter Dengler wurde 1938 geboren und wuchs in dem Dorf Wildberg im Schwarzwald auf. Der Krieg übersah den Ort zunächst ganz einfach, er war zu unbedeutend. Als Dieter fünf oder sechs Jahre alt war, so genau erinnert er sich nicht mehr, gab es auf einmal einen sinnlosen und verheerenden Fliegerangriff auf Wildberg. An das, was er an diesem Tag erlebte, erinnert er sich jedoch noch heute bis ins kleinste Detail. Jagdflugzeuge kamen über den Höhenzug und stießen ins Tal hinunter, schossen aus Bordkanonen und Maschinengewehren. Die Geschosse schlugen auf dem Pflaster der Straße Funken, Dachziegel prasselten auf den Boden, Brände brachen aus. Dann kamen Bomber und warfen ihre Last ab. Wildberg versank in Schutt und Asche. Dieter rannte mit seinen beiden Brü-

Denglers Geburtshaus (im Vordergrund) in Wildberg/Schwarzwald. Als Junge litt er die ganze Not der Nachkriegszeit, hatte aber große Träume.

dern in den zweiten Stock des schmalen Fachwerkhäuschens, in dem er wohnte, um von einem Giebelfenster aus zu schauen, was geschah. Und das ist, was geschah: Dieter sieht einen einzelnen Jagdflieger aus großer Höhe direkt auf sein Haus, auf sich herunterstoßen, dessen Flügel MG-Feuer ins Haus unter sich speien. Die Kanzel des Jägers ist offen, Dieter sieht den Piloten, der seine Schutzbrille auf den Helm gesetzt hat, und das Flugzeug rast dicht unter ihm am Haus vorbei, die Flügelspitzen berühren fast die Mauer des ersten Stocks, und in diesem Moment, für den flüchtigen Bruchteil einer Sekunde, reißt der Pilot den Kopf herum und blickt Dieter direkt ins Gesicht, und ist auch schon wieder weg. Für Dieter ist das wie die Erscheinung eines Allmächtigen, eines höheren wunderbaren Wesens, wie eine Erscheinung aus den Wolken. Keine Furcht, keine Panik, nur Begeisterung inmitten der furchtbaren Zerstörung. Dieter ist wie von einer religiösen Begeisterung erfaßt. Er will fliegen, er will Pilot sein. Von dem Moment an, sagt Dengler, wollte der Kleine Dieter fliegen.

Dieter zieht, da das Haus zerstört ist, zur mütterlichen Familie ins nahe Calw. Er beginnt Flugzeuge zu basteln, er träumt vom Fliegen. Aber die Wirklichkeit ist bitter. Dieter lernt alle Not der letzten Kriegstage und der Nachkriegszeit kennen. Er ist hungrig und stiehlt Abfälle von marokkanischen Truppen, die Calw besetzen. Seine Mutter geht hamstern. Eines Tages findet er sie ohnmächtig vor Entkräftung unter ihrem Fahrrad im Straßengraben. Die Hungrigen ziehen durch die zerstörten Orte, reißen Tapeten von den Wänden und kochen und essen sie, weil der Leim Nährstoffe enthält. Dieter sammelt Buntmetall, stiehlt und lernt zu überleben. Die Zeit der Armut aber war für ihn, wie er sagt, erfüllt von herrlicher Freiheit und Abenteuer in den Ruinen. Er ist rasch der Rädelsführer einer Bande von Jungen. Hinzu kommt, daß die Familie bei Kriegsende an Ansehen gewinnt. Calw war einer der ganz wenigen Orte in Deutschland, vielleicht der einzige überhaupt, in dem hundert Prozent der Einwohner für Hitler stimmten. Nur ein einziger weigerte sich, zur Wahl zu gehen, sein Großvater, der Bäckermeister Schnürle. Er weigerte sich standhaft, weigerte sich auch noch, als er von SS-Leuten aus dem Haus und durch die Stadt geschleift wurde. Man hing ihm ein Plakat um den Hals, auf dem „Vaterlandsverräter" stand, zerrte ihn durch die Straßen, Trommeln, Pfeifen und Hakenkreuzfahnen vor ihm weg. Man bespuckte ihn und goß Eimer mit Jauche über ihn. Er mußte um sein Leben fürchten, aber er war stolz und entschlossen und gab nicht nach. Als Dengler später im Urwald von Laos gepeinigt und tagelang gefoltert wurde, weil er sich weigerte, eine Erklärung zu unterschreiben, daß er den imperialistischen Angriffskrieg der USA verurteilte, da habe er, sagt er, seine Kraft von seinem Großvater bezogen. Wenn der es ausgehalten habe, warum sollte er es nicht auch aushalten.

Als Vierzehnjähriger beginnt Dengler eine Lehre als Turmuhrbauer. Es gibt ja keine Flugzeuge mehr, und die Lufthansa hat noch nicht wieder ihren Berieb aufgenommen. Er glaubt, etwas Technisches, Praktisches zu lernen würde sicher in Zukunft von Nutzen sein, um seinen Traum vom Fliegen zu verwirklichen. Der alte Meister in dem Betrieb verspricht der Mutter, dem Jungen den fehlenden Vater zu ersetzen. Dengler arbeitet von sieben Uhr morgens bis in den Abend hinein, auch samstags und oft sogar sonntags, und verdient 50 Pfennig im Monat. Der Meister geht außerordentlich hart mit ihm um und schlägt ihn mit seinen Schmiedepranken oft so, daß der Junge das Bewußtsein verliert. Es vergeht kaum ein Tag, an dem er nicht blutend nach Hause kommt. Jahre vor ihm war der junge Hermann Hesse in derselben Werkstatt Lehrling gewesen und hatte damals eine Uhr repariert, an der später auch Dieter arbeitete. Hesse allerdings riß vor Ende seiner Lehrzeit aus und wurde Schriftsteller. Von seinem Lehrmeister geschlagen zu werden war in dieser Zeit noch durchaus üblich, aber in Denglers Fall war es besonders schlimm. Dengler spricht aber noch heute voll Hochachtung von dem Mann und ist sich absolut sicher, daß er ohne diese harte Schule Vietnam niemals überlebt hätte. Nebenbei lernte er auch noch das Schmiedehandwerk in demselben Betrieb. Immer noch liebt Dengler den Widerhall des Ambosses und das Sprühen der Funken und die lederne Schürze und die Schwere des Hammers in seiner Hand.

Auf einem Jahrmarkt bekommt der Junge amerikanische Flieger-Zeitschriften in die Hand. Auf einer Seite sieht er eine Annonce zum Ausschneiden, in der Flugzeuge abgebildet sind, dazu ein Text: „Wir brauchen Männer, die diese Maschinen fliegen." Dengler füllt die Anzeige aus und bewirbt sich. Wochen später erhält er tatsächlich eine Antwort, die jedoch eher ernüchternd ist; die Annonce richtete sich an amerikanische Staatsbürger. Dennoch kratzt Dengler alles Geld zusammen und fährt per Anhalter nach München zum amerikanischen Konsulat. Er schläft die Nacht über im Regen auf der Steintreppe zum Eingang und wacht am Morgen auf, als ein Mitarbeiter des Konsulats über ihn steigen muß, um das Gebäude zu betreten. Erst am Nachmittag wird Dengler im Warteraum aufgerufen und findet sich auf einmal dem Konsul gegenüber, demselben Mann, der ihn geweckt hatte. Der ist von der Unbeirrbarkeit und Energie des Jungen beeindruckt und ermuntert ihn, seine Gesellenprüfung zu machen, Amerika brauche tüchtige junge Handwerker. Es dauert ein Jahr, bis auf einmal die Genehmigung vom Konsulat kommt, in den USA Aufenthalt zu nehmen, vorausgesetzt, Dengler meldet sich binnen 14 Tagen bei einem Rekrutierungsbüro der Streitkräfte.

Dengler macht seine Gesellenprüfung, und dreißig Minuten, nachdem er sie bestanden hat, ist er bereits per Anhalter unterwegs nach Bremerhaven. Er hat dreißig Pfennig in der Tasche, und er hat ein Ticket für die Schiffspassage. Nach nur zwei Stunden überkommt ihn bereits der Hunger. Er klaubt Kartoffeln aus einem Acker und ißt sie, er wühlt in Abfällen, und in Bremerhaven lebt er zwei Wochen bis zur Abfahrt seines Schiffs von grünen Bananen, die von Frachtern entladen werden. Er weint, als eine Blaskapelle „Auf Wiedersehn, auf Wiedersehn" spielt. Schon am ersten Tag an Bord wird er seekrank, aber er kriecht zu den Essenszeiten aus seiner Koje und beginnt, Brot, Orangen und alles andere haltbare Essen zu sammeln. Eines Morgens kommt über Lautsprecher die Durchsage, die Freiheitsstatue sei in Sicht. Dengler stürzt an Deck und ist unsagbar glücklich. Als das Schiff in New York anlegt, stopft sich Dengler all seine Vorräte unter ein weites Hemd und bindet es sich zwischen den Knien mit einer Schnur zusammen. Von Zoll hat er in seinem ganzen Leben noch nie etwas gehört; seine einzige bisherige Reise hatte ihn an den Bodensee geführt. Der Zollbeamte reißt ihm ohne weitere Umstände sein Hemd auf, und alles, was er gesammelt hatte, fällt auf den Boden. Die Umstehenden lachen, Dengler möchte vor Scham im Boden versinken. Er fürchtet, ins Gefängnis zu kommen. Eine alte Frau steckt ihm etwas in die Hand, aber erst Stunden später wagt er, die Hand zu öffnen, als sein Rucksack bereits zurückgeschickt ist, weil er die 50 Cent nicht hat, um ihn auszulösen. In seiner Hand findet er einen 20-Dollar-Schein, der ihm über die erste Woche in den Straßen von Manhattan hilft.

Alles, was er an Englisch kann, ist „yes, sir", „no, sir" und „timi square", Times Square. Er staunt über die Wolkenkratzer, er hat sie ja noch nicht einmal im Kino gesehen, läuft durch die Stadt und ißt weggeworfene Ränder von Pizzas. Nach zwei Wochen meldet er sich bei dem Rekrutierungsbüro in New Jersey. Natürlich könne er Pilot werden, wenn er nur für die Air Force unterschreibe. Zwei Stunden später ist Dengler bereits nach San Antonio in Texas unterwegs, aber anstatt ihn als Pilot auszubilden, steckt man ihn in die Küche, wo er für siebentausend Rekruten zweieinhalb Jahre lang Kartoffeln schält. Dann wird er in den Fahrzeugpark versetzt, wo er weitere zweieinhalb Jahre lang Reifen wechselt. In die Nähe eines Flugzeugs läßt man ihn aber nie. Dengler hat inzwischen Englisch gelernt und ist amerikanischer Staatsbürger geworden, und er ist auch klüger; er weiß, daß er niemals Pilot werden kann, wenn er keine höhere Schulbildung hat. Nach seinen vertraglichen fünf Jahren verläßt er die Air Force und geht nach Kalifornien. Für knapp drei Jahre besucht er ein College, das auch einen Kurs in „Aeronautics" anbietet, den er mit Auszeichnung besteht. Die gesamte Zeit lebt er in einem durchgerosteten VW-Bus auf dem Parkplatz des Colleges und verdient sich die Studiengebühren in der Nachtschicht einer Fabrik. Dann tritt er in die Navy ein, macht einen Lehrgang als Pilot und besteht die Prüfung. Er ist glücklich, er hat seine „wings", und er ist verlobt mit Marina, die in San Diego Meeresbiologie studiert.

Es dauert nur wenige Wochen, da wird er auf den Flugzeuträger *Ranger* verlegt. Ziel ist Vietnam. Dort haben seit einiger Zeit kommunistische

Dengler in Heldenpose (1965). Endlich war er Pilot, sein Traum war erfüllt. Daß er aber schon nach wenigen Wochen zu einem „kleinen" Kriegseinsatz in Vietnam beordert würde, hätte er sich nie träumen lassen.

Guerillas aus dem Norden den freien Süden infiltriert und stiften Unruhe. Einige südvietnamesische Generäle haben um Militärbeistand gebeten – die Sache wird in einigen Wochen erledigt sein. Es ist das Jahr 1965. Dengler hat von den Massagesalons in Bangkok und den Go-Go-Girls in Saigon gehört und freut sich auf den Einsatz. Daß dies ein richtiger Krieg werden würde, liegt außerhalb seines Denkens. Dengler fliegt einige wenige Einsätze über Südvietnam. Von seinem Cockpit aus sehen die Reisfelder wie Planquadrate auf einer Landkarte aus, und die Schäden, die er

Der Flugzeugträger Ranger. Zur Zeit von Denglers Einsatz waren die meisten Flugzeuge noch Propellermaschinen.

Denglers Skyraider hebt vom Flugzeugträger ab. Es ist das letzte Foto der Maschine. Zwei Stunden später waren nur noch Trümmer von ihr übrig.

anrichtet, wirken vollkommen irreal. Erst später, als er Gefangener ist, wird ihm klar, daß da unten ja Menschen waren, die litten und starben. Sein Martyrium wird er in dem Bewußtsein hinnehmen, daß er es ja war, der Bomben geworfen hatte, daß die Menschen da unten genug Grund hatten, ihn als Feind zu behandeln. Heute weiß er auch, daß Naivität nicht von Verantwortung entbindet, und er weiß auch, daß er für die Bevölkerung da unten ein Abgesandter des Bösen war.

So etwas muß ihm wohl auch vorher gedämmert haben, denn wann immer sich die Gelegenheit bot, kippte er seine Bombenlast einfach ins Meer und meldete nach der Rückkehr auf den Träger vollen Erfolg. Weil das damals gängige Praxis war, wurden Bordkameras eingeführt, die die tatsächlichen Schäden verifizierten. Diesen Kameras verdankt die Menschheit heute Dokumente für alle kommenden Zeiten, Dokumente von außerordentlicher Schönheit, so entsetzlich das klingen mag.

Der Flugzeugträger wurde bald nach Norden in den Golf von Tongking verlegt. Bei seinem ersten Einsatz über Nordvietnam wurde Dengler nach nur 40 Minuten abgeschossen.

Strafe *Hier wird beschrieben, wie Dengler abgeschossen wurde, wie er in Gefangenschaft geriet und kurzfristig fliehen konnte. Wie er wieder gefangengenommen und mißhandelt wurde. Seine Höllenfahrt, seine schreckliche Gefangenschaft und seine Flucht. Seine Freundschaft mit Duane Martin und seine Freundschaft mit einem Bären, der auf seinen Tod wartete, um ihn dann fressen zu können.*

Ziel des Einsatzes war zunächst Nordvietnam. Da aber dichte Wolken kaum Sicht erlaubten, flog Denglers Staffel eine Straßenkreuzung des Ho-Chi-Minh-Pfades innerhalb von Laos an. In der frühen Phase des Vietnamkrieges galt noch höchste Geheimhaltungsstufe für solche Einsätze, und erst Jahre später gab Amerika offiziell zu, den Krieg auch in dieses Land ausgeweitet zu haben.

Über dem Ziel dreht Dengler seine Maschine auf den Rücken, geht in Sturzflug und klinkt seine Bomben aus. In dem Moment gibt es eine Explosion: sein rechter Flügel ist getroffen, nur noch ein Stumpf davon ist übrig. Der Skyraider überschlägt sich halb in der Luft und taumelt, dann folgen weitere Treffer. Teile seines Motors fliegen Dengler um die Ohren. Er erinnert sich mehr an die Leuchtblitze der Treffer als an die Detonationen. Das ist der Moment zum Aussteigen. Dengler reißt die Haltegurte seines Sitzes auf, um abzuspringen, aber in einem unerklärlichen Moment der Zuneigung zu seiner Maschine entschließt er sich, das „Babe" zu landen, egal, wie. Kurz vor dem Aufschlag wird er sich auch klar, daß er in der Aufregung aus Versehen seine Fallschirmgurte geöffnet hatte. Er wäre ohne Fallschirm ausgestiegen, und noch heute lacht er darüber, aber das Lachen klingt eher, wie wenn ein Tier schreit. Irgendwie trudelt sein „Babe" noch, und er sieht einen Höhenzug vor sich, dicht von Urwald bewachsen. Er wirft seine Zusatztanks ab, dadurch wird die Maschine leichter, was ihn gerade über die Baumwipfel hinwegbringt. Dahinter hofft er auf ein Tal, aber da ist kein Tal, sondern nur ein mit Urwald bewachsenes Plateau. Auf einmal macht Dengler eine kleine Rodung aus, keine wirkliche Lichtung, sondern eher eine Stelle, wo man vor kurzem Bäume gefällt hat. Meterhohe Stümpfe ragen noch aus dem Boden, und er rast direkt auf einen nackten Riesenbaum zu. Er kippt die Maschine zur Seite, entwurzelt den Baum, sein linker Flügel schlägt in den Boden ein, und die Maschine wird nochmals hochgeschleudert mit etwa 300 km in der Stunde. Dengler sieht wie in Zeitlupe, wie sich die Plexiglaskanzel seines Cockpits verformt und davonfliegt. Sein Helm wird vom Kopf gerissen, dann überschlägt sich der Rest seines Flugzeugs, überschlägt sich und überschlägt sich, ein Baumstumpf kommt neben seinem Bein durch den Rumpf – und dann auf einmal Stille. Er ist eingeklemmt, nach unten hängend, Laub um ihn und der Mund voller Sand. Dengler verliert das Bewußtsein. Als er wieder zu sich kommt, ist er dreißig Meter

Unten: Dengler stürzte am 1. Februar im Grenzgebiet zwischen Vietnam und Laos ab (siehe Kreis um Absturzregion).

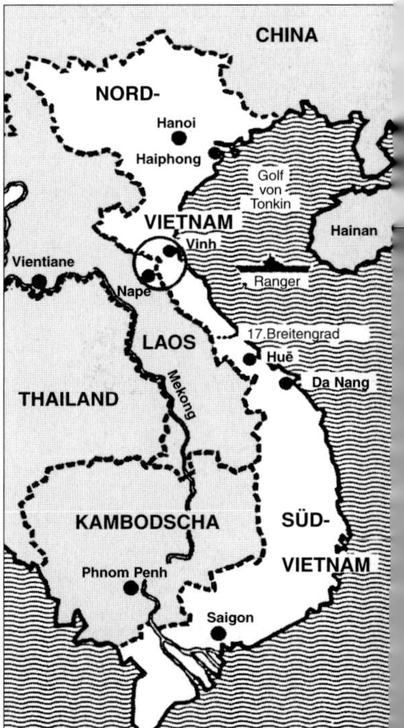

Linke Seite: Abgeschossen. Dengler allerdings stieg nicht, wie hier auf einem Foto, mit dem Fallschirm aus seiner getroffenen Maschine aus, er wollte sein „Babe" landen, egal, wie.

von seinem Wrack entfernt. Dengler fürchtet einen Brand, eine Explosion und kriecht weg, aber nichts geschieht. Sein Knie ist verletzt, er hält inne und horcht. Stille. Kein Laut. Dann hört er ganz entfernt ein Mädchen singen. Er weiß, dort ist vielleicht ein Dorf, also weg in eine andere Richtung. Er versteckt seine Pistole und seinen Notsender in einem Erdloch unter einem gefällten Baum, weil er weiß, daß die Vietcong damit Rettungshubschrauber in die Falle locken. Er flieht in den Urwald, als er die Stimmen der Verfolger hört.

Cockpit eines Skyraider. Dengler zeigt, wie ihm Motorteile um die Ohren flogen. Der halbe rechte Flügel war schon Sekunden vorher weggeschossen worden.

Dengler hatte sich ein spezielles Überlebenspaket zusammengestellt. Seinen Overall, den Helm und den Fallschirm hatte er mit einem Schild versehen, auf dem der Name Wilson stand. Unter dem Fliegeranzug trägt er Zivilkleidung, und er hat seinen alten deutschen Pass auf seinen Namen Dieter Dengler dabei, dazu seinen Gesellenbrief. Er hat sich nämlich überlegt, daß er sich, falls er abgeschossen wird, von der Absturzstelle entfernt und so tut, als sei er ein deutscher Journalist, der zufällig in die Nähe geraten sei, während die Verfolger weiter nach einem Piloten namens Wilson suchen würden. Das führte später zu internationalen Komplikationen, und selbst die *Prawda* in Moskau brachte einen groß aufgemachten Artikel, in dem behauptet wurde, daß die deutsche Bundeswehr heimlich Kampfpiloten nach Vietnam entsende.

Zum erstenmal sieht Dengler den Gegner. Er ist erstaunt, daß keiner Uniform trägt. Ein Pathet-Lao-Kämpfer tritt in einem Dickicht fast auf ihn. Er trägt nur einen Lendenschurz und Gummistiefel. Die anderen haben nichts außer zerschlissenen T-Shirts und kurzen Hosen an. Sie sind mit Kalaschnikoffs, Macheten und Handgranaten bewaffnet. Einige haben nur eine primitive Armbrust aus Bambus. Die Kette eines Suchtrupps durchkämmt den Urwald und zieht an ihm vorbei. Dengler entschließt sich, erst nach Norden zu gehen und dann nach Westen, Richtung Mekong, dem Grenzfluß zu Thailand. Er hat eine Uhr bei sich, einen Kompaß, einen Schlafsack aus Drillich, einige Jodtabletten und ein paar Erdnüsse. Vorsichtig arbeitet er sich durch den Urwald.

Nach zwei Tagen begeht er einen Fehler, den er sich bis heute nicht verzeihen kann. Er gelangt an eine kleine Lichtung mit hohem Gras. Er schaut vorsichtig nach links und rechts, dann überquert er die Lichtung, anstatt sie vorsichtig zu umgehen. Auf einmal Schreie: „yut, yut" – stehenbleiben. Er blickt in den Lauf eines Gewehrs, von einer anderen Seite

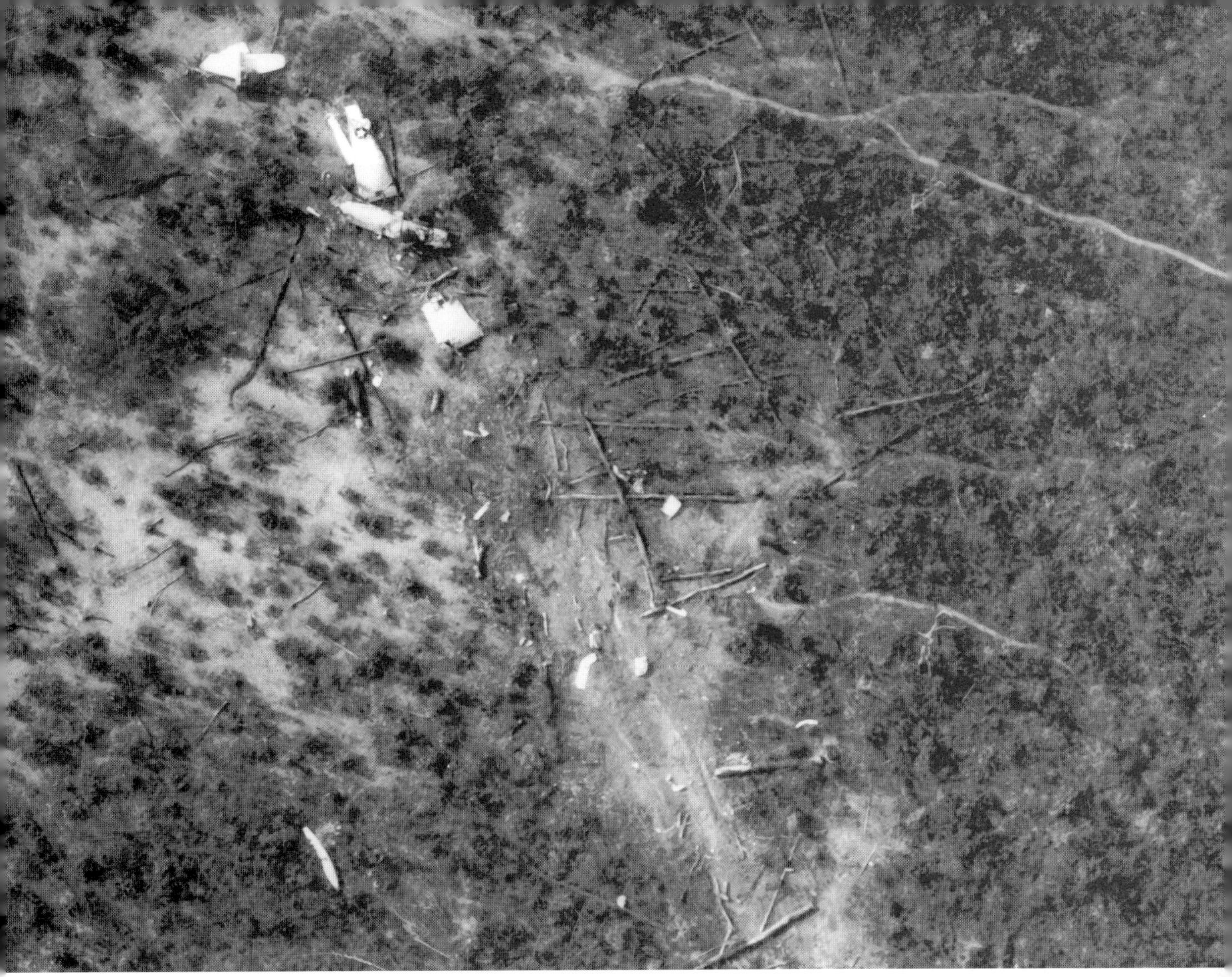

ist eine Pistole auf ihn gerichtet. Dengler reckt beide Arme hoch und ruft auf deutsch „nicht schießen, nicht schießen". Er ist gefangengenommen. Man durchsucht ihn, zieht ihn aus; dann wird er gefesselt. Acht Mann schleifen ihn durch den Urwald, schienen sein verletztes, schwer angeschwollenes Knie und treiben ihn im Laufschritt vorwärts. Insgesamt wird dieser Marsch drei Wochen dauern.

Denglers Wrack. Rechts neben dem Stern auf dem Flügelteil sieht man ein winziges rundes Objekt: das Sitzkissen. Daran konnte die amerikanische Luftaufklärung erkennen, daß der Pilot den Absturz überlebt haben mußte.

Suchflugzeuge sind unterwegs, denn man weiß aufgrund der Auswertung des Fotos von seiner Absturzstelle, daß der Pilot am Leben sein muß. Neben dem abgerissenen Flügel des Wracks ist nämlich in starker Vergrößerung ein kleiner runder Punkt mit einem dunklen Loch in der Mitte auszumachen. Die Analyse des Fotos, das weniger als dreißig Minuten nach dem Abschuß gemacht wurde, bevor also die Verfolger das Wrack erreicht hatten, läßt die Auswerter zu der richtigen Annahme kommen, daß es sich hierbei nur um ein tellergroßes Sitzkissen handeln kann, eine Art aufblasbaren Gummireifen, den der Pilot, der oft viele Stunden auf

Friedhof der Flugzeuge bei Tuscon/Arizona. Noch heute hat Dengler Träume von zertrümmerten Maschinen, die sich wie durch Zauberei wieder zusammensetzen.

dem blanken Metall seines Sitzes aushalten muß, zwischen Overall und Fallschirm trägt. Dieser Sitzreifen kann nur neben den Flügel geraten sein, wenn der Pilot sich seines Fallschirmpakets entledigt hat. Die Suche nach Dengler ist also im Gange. Die Pathet-Lao-Männer tarnen ihn mit grünen Zweigen und bleiben immer in der Deckung des dichten Urwalds. Selbst bei dem entferntesten Geräusch eines Flugzeugs und beim undurchdringlichsten Laubdach über sich werfen sich alle zu Boden, und Dengler wird mit einem Gewehr am Kopf gezwungen, reglos liegenzubleiben. Nachts werden vier Pfosten in den Boden getrieben, und Dengler, die Arme und Beine gespreizt, wird festgebunden. Blutegel fallen über ihn her, und Tausende von Moskitos zerstechen sein Gesicht derart, daß es morgens völlig verquollen ist und er nichts mehr sehen kann. Niemand bindet ihn los, damit er seine Notdurft verrichten kann, und da er bald an Durchfall leidet, macht er sich in die Hosen, bekommt aber nie Gelegenheit, sich zu säubern. Dengler haßt seine Gegner in diesen Momenten, erträgt aber alles in dem Bewußtsein, daß die ja genug Grund hatten, ihn schlecht zu behandeln.

In dieser Zeit, nachts angepflockt und in einem Schlafzustand, der eher einer Serie von Ohnmachten gleicht, hat er einen immer wiederkehrenden Traum. Er träumt von einem Flughafen. Ein Flugzeug wird ihn zurück in den Schwarzwald bringen, nach Hause. Aber zu seinem namenlosen Erschrecken findet er sich zwischen Halden von zertrümmerten

Flugzeugen, Wrackteile überall, der ganze Flugplatz ist nichts als Überreste von Flugzeugen. Und irgendwie hofft er, die Trümmer würden sich von selbst wieder zu heilen Flugzeugen zusammensetzen, so wie sich in einem rückwärts abgespielten Film die Scherben einer Tasse am Boden auf einmal wieder zusammenfügen und die Tasse als Ganzes zurück auf den Tisch springt. Sein Flugzeug würde planmäßig starten. Aber dann hüpften die Trümmer nicht zu heilen Flugzeugen zusammen, wie er gehofft hatte, und er wachte voller Entsetzen auf und war froh, daß er sich nur von Moskitos zerstochen wiederfand.

Alles Denken Denglers kreist um eine einzige Idee: Flucht. Er bemerkt, daß einer seiner Wächter eine Tabakdose in der Brusttasche seines Hemds trägt, in der sich ein kleiner Spiegel befindet. Er weiß, daß er einen Gegenstand braucht, um den Suchflugzeugen ein Signal geben zu können. Von jetzt an hält er sich immer in der Nähe des halbwüchsigen Wächters auf. Manchmal, wenn sich die Nacht bereits gesenkt hat und es stockdunkel im Urwald ist und seine Wächter noch ein Dorf erreichen wollen, werden seine Hände vorne zusammengebunden und um den Kopf seines Vordermanns gelegt, damit er nicht ausreißen kann. So hastet der Trupp mit ihm vorwärts. Einmal, als es über eine holprige Stelle, über Wurzeln und umgestürzte Bäume geht, gelingt es Dengler, die Brusttasche seines Vordermanns zu öffnen und die Tabakdose zu stehlen. Die wirft er ins Gebüsch und behält den Spiegel, den er in einen Klumpen Reis in seiner Hosentasche hineinknetet. Er hat Glück: diese Nacht wird er zum erstenmal in einer Hütte übernachten. Eigentlich ist es nur eine Plattform aus Bambus ohne Wände mit einem Strohdach darüber. Seine Hände sind am Rücken gefesselt, und die zusammengebundenen Beine werden mit einem Strick an einem Pflock am Boden unterhalb der Hütte festgebunden. Links und rechts von ihm legen sich zwei Wächter auf Tuchfühlung hin. Bald schlafen sie fest und beginnen zu schnarchen. In stundenlanger Arbeit gelingt es Dengler, seine Armfesseln zu lösen. Er setzt sich vorsichtig auf. Seine Wächter wälzen sich zur Seite und schlafen weiter. Er ruckt zuerst vorsichtig mit den Beinen an dem Pfosten, dann, mutiger geworden, heftiger. Der Pflock löst sich aus der Erde, und Dengler befreit sich vollständig von den Stricken. Als er sich behutsam auf den Boden herunterläßt und seine Füße die Erde berühren, schrecken auf einmal Hühner und Hunde unter der Hütte aus dem Schlaf hoch und veranstalten einen Höllenlärm. Sofort liegt er wieder zwischen seinen Wächtern, aber zu seinem Erstaunen schnarchen die weiter. Dann macht sich Dengler leise davon. Er ist frei. Im Mondschein hat er einen steilen, karstigen Berg aus Kalkstein in der Nähe gesehen – das ist sein Ziel. Aber im Dunkel des Urwalds kommt er nicht vorwärts, deshalb wartet er auf die erste Morgendämmerung. Der Aufstieg ist mühsam, überall sind scharfkantige Felsen, Risse und Schründe. Dengler reißt sich die Haut an mehreren Stellen auf, bis er schließlich blutend auf dem Gipfel ankommt. Dort ist ein kleines Plateau; keine Vegetation. Er hört seine Wächter im Dorf unten „Amerikali, Amerikali" schreien, sie suchen nach ihm. Aber Dengler ist hoch über ihnen, und er hat seinen Spiegel. An diesem Tag aber kommt kein einziges Flugzeug. Nichts passiert. Nach einer Woche ist die Suche nach ihm eingestellt worden, man hat ihn aufgegeben. Und dann kommt die Sonne, sie brennt auf ihn nieder, es gibt keinen Schatten. Dengler hat nichts zu trinken, sein Durst wird immer unerträglicher. Er bekommt einen Sonnenstich und beginnt zu delirieren. Der Urwald unter ihm beginnt sich zu verformen, die Landschaft verschwimmt. Am späten Nachmittag entschließt er sich, abzusteigen. Im Morgengrauen hatte er am Fuß des Felsens ein schmutziges Wasserloch gesehen, dort muß er hin, um zu überleben.

Seine Wächter aber wußten, wo sie ihn finden würden. Kaum hatte er sich der Länge nach in das sumpfige, verseuchte Wasser geworfen, waren sie schon über ihm. Ihm aber war es gleichgültig, ob sie auf ihn schießen würden, er sog einfach das Wasser in sich, bis sie ihn an den Haaren hochrissen. Sie schossen nicht, er war lebend mehr wert für sie als tot. Er war ihr wertvollster Besitz. Aber von da an begannen die Mißhandlungen. Man hing ihn an den Beinen, also Kopf nach unten, auf, und jemand kam und schmierte ihm etwas Süßes, eine Art Honig ins Gesicht und stülpte ihm dann etwas Großes, Rundes über den Kopf. Das war ein Ameisennest. Er hing, bis er das Bewußtsein verlor. Dann schleifte man ihn zu einem engen Brunnenschacht, in den man ihn gefesselt hinabließ, und zwar so weit, daß er den Kopf hochreckend gerade nicht langsam ertrank. Dort verbrachte er mehrere Nächte. Als man ihn herausholte, war sein Körper so taub, daß man ihn lange massieren mußte, bis er wieder stehen konnte. Dann fesselte man seine Hände und Beine und band ihn an einen Wasserbüffel. Der Büffel wurde durchs Dorf getrieben, und Dengler hüpfte mühsam hinterher. Natürlich fiel er bald der Länge nach hin, und der Büffel schleifte ihn über Stock und Stein. Sein Hemd riß ihm weg, seine Hose ging in Fetzen, blieb aber an den gefesselten Beinen hängen. Die unangenehmsten der Wärter traten mit ihren Stiefeln nach ihm, und Kinder sprangen auf ihm herum. Sie hatten große Freude an ihm.

Und dann ereignete sich ein unglaublicher Zwischenfall, den Dengler bis heute nur stockend erzählt. Mehrere Wärter schleiften ihn, Beine voraus, in vollem Laufschritt über den Urwaldboden, etwa einen Kilometer weit, bis sie zu einem freien Platz kamen. Dort waren etwa dreißig, vierzig Männer versammelt. Man ließ ihn in dem Kreis, den sie gebildet hatten, liegen. Es gelang ihm, sich halb aufzusetzen, und zum erstenmal sah er zwei reguläre Soldaten der nordvietnamesischen Armee in voller Uniform; die traten ihn und schrien ihn an. Ein Kämpfer der Pathet Lao näherte sich ihm mit erhobenem Gewehr und schlug mit dem Kolben nach seinem Kopf. Dengler duckte sich zur Seite, der Kolben traf seine Schulter und warf ihn hintenüber. In dem Moment jedoch löste sich ein

Schuß. Ein Mann gegenüber im Kreis schreit auf. Er ist in die Seite getroffen. Dengler sieht, da der Mann nur einen Lendenschurz trägt, wie oberhalb der Niere Blut herausspritzt. Dessen Kamerad, der neben ihm steht, reißt sein Gewehr hoch und feuert auf den, der das Unglück verursacht hat. In Nu ist eine wilde Schießerei im Gange, Schreie, Kugeln fliegen in alle Richtungen. Dengler macht sich flach und schließt die Augen, er glaubt, sein Ende sei gekommen. Dann ist Stille, und er sieht, wie man Verwundete versorgt.

Nach etwa zehn Tagen erreicht der Trupp mit Dengler eine laotische Provinzhauptstadt. Er wird dem Verwaltungschef der Region vorgeführt, und der spricht Französisch. Zum erstenmal kann der Gefangene mit

Auf seiner Flucht lernte Dengler, sich so gut zu tarnen, daß er von einer Vietcong-Kämpferin, die ihm auf die Hand trat, nicht entdeckt wurde.

jemand sprechen, denn Dengler hat von den Besatzungstruppen in Calw und in der Schule etwas Französisch gelernt. Der Mann ist freundlich zu ihm, gibt ihm zu essen, erlaubt ihm, seine stinkenden Hosen zu waschen. Dengler ist glücklich zu hören, daß der Provinzchef früher in Europa war und sogar Stuttgart kennt. Er erinnert sich selbst an die Namen einiger Straßen, und für Dengler ist das wie ein kostbares Geschenk. Bald jedoch soll Dengler eine Erklärung gegen die amerikanische Aggression unterschreiben und erhält vage Versprechen, in Kürze freigelassen zu werden, falls er das tut. Aber Dengler weigert sich. Man versucht, ihn gefügig zu machen, treibt scharfe Spitzen aus Bambus unter alle seine Fingernägel, spießt Lanzenspitzen aus Bambus in das Fleisch seiner Oberarme. Mit Macheten bringt man ihm Schnitte bei. Die Narben sind noch heute deutlich zu sehen. Dengler zeigt sie, wenn man ihn darum bittet, mit wegwerfenden Bemerkungen. Sein linker Oberarm wurde mit einem Seil

Nordvietnamesisches Archivfoto: Vietcong-Soldaten führen einen gefangenen US-Soldaten ab. Dengler wurde erst zwei Tage nach seinem Abschuß in Gefangenschaft genommen.

umschlungen, das man mit einem Pflock so lange enger zurrte, bis die Nerven gegen den Knochen gequetscht wurden. Sechs Monate lang schlenkerte Denglers linker Arm leblos an ihm und war unbrauchbar.

Dann ging die Reise ins Unbekannte weiter, Tag um Tag im Laufschritt, und zwar, wie Dengler feststellte, Richtung Osten, also nach Nordvietnam. Der Urwald wurde dichter, die Berge dramatischer, die Flüsse schmaler. Seine Wächter beobachtete er genau, er schaute sich von ihnen ab, wie sie mit zwei Hälften eines trockenen Bambusrohrs und ein paar abgeschabten, wolleähnlichen Fusseln von Bambus Feuer machten, indem sie die Holzteile gegeneinander rieben. In einer Blechdose, die sie zur Belüftung mit einem Nagel durchlöcherten, führten sie immer etwas Glut mit sich. Einer der Wächter schwang sie ständig an einigen Drähten, ähnlich wie in katholischen Kirchen der Weihrauch am Glimmen gehalten wird. Aus einem Stück grünenden Bambus verfertigten sie eine Art Fächer, indem sie das ein Ende des Rohrs mit Einschnitten versahen und es mit Steinen breitklopften. Diesen Fächer beschmierten sie mit dem klebrigen, weißen Saft einer Liane, und unterwegs holten sie sich so Käfer und größere Insekten von den Ästen der Bäume und rösteten sie auf der Glut. Während sie liefen, grillten sie nebenbei ohne Unterbrechung, und wenn sie abends irgendwo ankamen, war keiner hungrig. Einmal, als Dengler sich umdrehte, sah er, wie ein kleiner Vogel auf der Holzkohle briet. Alles, was er im Survivaltraining in Kalifornien gelernt hatte, war hier ohne Wert. Amerikas strategisches Denken war Anfang und Mitte der sechziger Jahre noch ganz auf Rußland ausgerichtet; Überleben hieß Überleben in Sibirien. Ein Dschungelkrieg kam im Denken der militärischen Führung höchstens am Rande vor, deshalb sehen auch die Schulungsfilme aus dieser Zeit dementsprechend hilflos und grotesk aus.

Obwohl Dengler über Laos abgeschossen und von Pathet-Lao-Kämpfern gefangengenommen wurde, waren es nordvietnamesische Militärs, die den Ton angaben und von denen die Anweisungen kamen. Näher auf die Grenze Nordvietnams zu wurde die Präsenz des Vietcong immer spürbarer, und zeitweise war Dengler ganz in ihrer Gewalt. Er erinnert sich an sie mit Respekt und Schaudern. Sie waren äußerst disziplinierte, fast preußisch wirkende Soldaten, streng, korrekt und genau. Er wurde viel härter gefesselt und strenger bewacht als zuvor. An Entkommen war nicht zu denken. Wenn die Nordvietnamesen ein Dorf erreichten, wurden die Einwohner zusammengetrieben und gezählt, alles wurde protokolliert. Sie notierten die Uhrzeit auf die Minute genau, den Namen des Ortes, alles. Verpflegung wurde mit unnachsichtiger Härte requiriert.

Nach drei Wochen erreichte Dengler sein Gefangenenlager. Vom Kino her hatte er Vorstellungen von festen Gebäuden und Stacheldraht, von täglicher Routine, und er hoffte, einen Arzt vorzufinden, denn er hatte viel Blut verloren, war krank und war so oft ohne Bewußtsein gewesen, daß er sich auf das Lager regelrecht freute. Er hoffte, andere Amerikaner

Dengler vor einer Skizze seines Gefangenenlagers. Der Ausbruch der sieben halbverhungerten Gefangenen war bis ins letzte Detail geplant, endete aber in einem chaotischen Schußwechsel.

zu treffen, mit denen er reden konnte, vielleicht sogar einen Piloten, den er kannte. Aber alles war anders. Da war nur eine hohe Umzäunung aus Bambus am Rande eines Dorfes, in der einige Bambushütten standen, mit Stroh gedeckt, der Boden und die Wände ebenfalls aus Bambus. Man sperrte ihn in eine leere Hütte, legte seine Hände in Handschellen und steckte die Füße in einen mittelalterlichen Fußblock aus Holz. Erst Stunden später sah er die anderen Gefangenen, sechs insgesamt, und er glaubte seinen Augen nicht trauen zu können. Der erste, der ihm bärtig und abgemagert entgegengetaumelt kam, trug seine Eingeweide in den Händen mit sich. Der nächste hatte keine Zähne mehr. Die Gefangenen hatten sich mit rostigen Nägeln und einem Stein die Zähne ausgeschlagen, damit der Eiter aus den Wurzeln abfließen konnte. Sie boten ein Bild des Jammers, einer wie der andere. Dengler fand zwei Amerikaner vor, Duane Martin, einen Hubschrauberpilot, der beim Versuch, einen abgeschossenen Flieger zu retten, mit dessen Signalradio in eine Falle gelockt worden war. Der andere war Gene De Bruin aus Missoula, Montana, der zusammen mit drei Thais und einem Chinesen aus Hongkong in einem Transportflugzeug abgeschossen worden war. Das Flugzeug hatte für den CIA über abgelegenen Dörfern, die loyal zur rechtsgerichteten Regierung von Laos hielten, an Fallschirmen Versorgungsgüter abgeworfen. Alle sechs waren bereits seit mehr als zweieinhalb Jahren in Gefangenschaft. Dengler war sofort klar, daß er fliehen mußte, denn in wenigen Monaten würde er aussehen wie seine Mitgefangenen. Das erste, was er zu ihnen sagte, war: Angenehm, eure Bekanntschaft gemacht zu haben. Wieso haben, fragte De Bruin zurück. Weil ich nämlich noch heute nacht abhaue, antwortete Dengler. Aber das wurde ihm schnell ausgeredet. Der Ausbruch aus dem Gefangenenlager schien nicht unmöglich, der Dschungel selbst war das eigentliche Gefängnis. In der Trockenzeit ohne Wasser war kein Überleben möglich, da hatte Dengler bereits einschlägige Erfahrungen gemacht. Hinzu kam, daß einige der Mitgefangenen fest davon überzeugt waren, der Krieg könne höchstens noch Wochen dauern oder die Amerikaner würden Vietnam und Laos befreien. Deshalb drohten sie, bei einem Fluchtversuch solchen Lärm zu machen, daß der Fliehende sofort entdeckt würde, denn die zu erwartenden Repressalien gegen die Zurückgebliebenen würden unerträglich sein. Diese Haltung führte im Laufe von Denglers Gefangenschaft zu tiefen Zerwürfnissen und Fraktionsbildung unter den Gefangenen. Es dämmerte Dengler, daß er sein Vorhaben bis zum Beginn des Monsunregens verschieben mußte, und das war noch fast ein halbes Jahr bis dahin.

Die Umstände der Gefangenschaft sind nur schwer vorstellbar. Die Gefangenen waren praktisch immer in zwei nebeneinanderliegenden Hütten eingesperrt, manchmal auch alle zusammen in einer. Nachts wurden sie mit Handschellen aneinandergefesselt, manchmal in normaler Kette, also rechte Hand an den Nebenmann rechts, linke Hand an den Nebenmann links, oft aber auch über Kreuz, und das bedeutete, alle mußten die Arme über Kreuz vor dem Körper halten, und so wurden sie zu einer Kette zusammengehängt, also rechte Hand an die linke Hand des Nebenmanns links und linke Hand an die rechte Hand des Nebenmanns rechts. Dazu kamen die Füße in die Fußblöcke. Liegen und Schlafen war fast unmöglich. Alle hatten Durchfall, und wenn einer seine Hose öffnen wollte, mußten alle sieben Mann dieselbe Armbewegung ausführen. Die Gefangenen haßten sich oft zutiefst, aber auch die Freundschaften waren fester geschmiedet. Wenn du sechs Monate mit dem Handgelenk an einen Mann gefesselt bist, sagt Dengler, dann weißt du alles von ihm, dann ist die Freundschaft in Eisen geschmiedet. Dengler half Duane Martin immer wieder, dessen Eingeweide in seinen Leib zurückzustecken; er hatte jedoch solche Durchfälle, daß er immer wieder seine Därme mit ausschiß. Es gab übrigens ein Klo, ein Loch im Boden wenige Meter von den Hütten entfernt im umzäunten Innenhof. Die Wachmannschaft hatte jedoch große Angst vor gelegentlich über sie fliegenden Aufklärern; man wollte unter allen Umständen vermeiden, daß der Feind die hier gefangenen Amerikaner entdecken könnte. Deshalb trieb sie die Gefangenen immer zu größter Eile an. Das wurde so schlimm, daß die Wächter immer häufiger den hastenden Klogehern hinterherschossen und diese einige Streifschüsse abbekamen. Einige der Wächter, die alle Spitznamen bekamen, je nachdem, wie unangenehm sie waren, etwa Kleiner Hitler, Der

Wilde oder Der Hausdepp, setzten den auf der Latrine Kauernden einen Gewehrlauf zwischen die Augen, luden eine Kugel und ließen ganz sachte den Abzugshahn klicken, gerade so, daß sich der Schuß nicht löste. Sie schrien dann „Amerikali, Amerikali“ und hielten das in der Eintönigkeit ihrer eigenen Aufgabe für eine gute Unterhaltung. Schon bald gaben die Gefangenen die Latrine draußen auf und zogen es vor, ihre Notdurft in Bambusrohre zu verrichten.

Die Wächter, berichtet Dengler, litten auch. Im Lauf der Zeit hatten sie immer weniger zu essen, wurden die Rationen immer kleiner, und die Gefangenen verhungerten langsam. Ab und zu ging ein Teil der Wachmannschaft in die umliegenden Dörfer und beschlagnahmte Reis, dann gab es einige bessere Tage. Manchmal gelang es den Wächtern auch, ein Reh zu schießen. Dann wurde das Tier ausgeweidet, und die Gefangenen bekamen das halbverdaute Gras aus dem Magen, das sie aßen. Nach fünf, sechs Tagen waren die Fleischreste der Wächter völlig verdorben. Dann kamen sie mit einem Bambusbehälter in die Hütte der Gefangenen – sie hielten sich wegen des Gestanks ein Tuch vor Mund und Nase – und gossen den schleimigen, glibberigen Inhalt auf den Boden. Maden wimmelten zu Hunderten in der Masse, aber die Gefangenen aßen es. Als Dengler zum erstenmal etwas davon zu sich nahm, erbrach er sich sofort, aber langsam gewöhnte er sich daran. Wenn man am Verhungern ist, ißt man auch das, sagt Dengler, und im übrigen dürfe man nicht vergessen, daß auch die Maden Proteine enthielten.

Die Gefangenen, die tagsüber keine Handschellen trugen, gingen auch selbst auf Jagd. Unter der Hütte gab es Ratten, die wegen der Fäkalien der Gefangenen kamen, die sie aus ihren Behältern zwischen den Brettern des Bodens entleerten. Der Gestank, erinnert sich Dengler, war mit das Schlimmste während seiner Gefangenschaft. Die Ratten waren jedoch zu flink, um sie fangen zu können, aber sie wiederum lockten Schlangen an, die zu Jagdhelfern wurden. Wenn eine Schlange eine Ratte erbeutet hatte, holten die Gefangenen mit dünnen Astgabeln die Schlange zwischen den Bodenbrettern an einer größeren Lücke zu sich nach oben, entwanden ihr die Ratte und teilten diese unter sich in sieben winzige Portionen auf. So konnten sie sich gerade am Leben erhalten.

Dengler fand bald eine Methode, die Handschellen zu öffnen. Moderne Handschellen unserer Art kann man relativ leicht öffnen. Das gehört zum allgemeinen Wissensschatz von Leuten, die im Gefängnis waren. Schwieriger zu handhaben waren die altmodischen französischen Handschellen, die eher mittelalterlichen Halteeisen ähnelten. Ein Stahlbolzen hielt sie zusammen, den man mit einem Schlüssel öffnen konnte, der entfernt einem Korkenzieher glich. Wochenlang belauerte Dengler einen der Wächter, der gelegentlich eine Zahnpastatube in der Bambuspalisade der Umfriedung stecken ließ. Dengler war auf das Metall der Tube aus, und als sie fast leer war, gelang es ihm, sie zu stehlen. In der Hütte eröffnete er eine winzige Schmiedewerkstätte und machte auf kleinster Glut, die nicht qualmen durfte, ein Feuer. Das zu bewerkstelligen hatte er bereits unterwegs gelernt. Er verflüssigte das weiche, bleiartige Metall und goß es in eine winzige Gußform aus Lehm, in die er einen dünnen Nagel steckte, der mit einer feinen Schnur spiralartig umwunden war. Auf diese Weise hatte er nach mehreren Versuchen einen passenden Schlüssel, und von da an lösten die Gefangenen nachts in der Regel ihre Handschellen. Bevor die Wächter am Morgen kamen, mußten die Eisen wieder in Position sein. Bei unerwarteten Inspektionen gab es hochdramatische Momente für die Gefangenen, aber entdeckt wurde ihre List nie.

Im Elend dieser Nächte träumte Dengler oft von fernen Ozeanen und fremden Küsten. Ein sehr großes Boot kam in wahnsinniger Hast dahergerudert, etwa sechzig Mann paddelten frenetisch und peitschten das schlanke Boot durch das Wasser. Für Dengler war das die gesamte amerikanische Navy, die zu seiner Rettung kam. Er rief ihnen zu und winkte, aber sie sahen ihn nicht. Sie ruderten vorbei und fuhren woandershin.

Dengler war weiter fest zur Flucht entschlossen, mußte aber geduldig sein. Die Auseinandersetzungen zwischen den Gefangenen wurden immer heftiger. Nur Duane Martin, der sein bester Freund geworden war, teilte seine Ansicht und hielt den von Dengler erarbeiteten Plan für durchführbar. Dann aber, kurz vor Beginn des Monsuns, dramatisierte sich das Geschehen mit einem Schlag. Einer der thailändischen Gefangenen, der die Sprache der Laoten verstand, belauschte ein Gespräch der Wächter, in dem sie den Plan diskutierten, ihre Gefangenen in den Dschungel zu führen und zu erschießen und die Sache erscheinen zu lassen, als wären sie bei einem Fluchtversuch getötet worden. Die Wächter hatten ja selbst nicht genug zu essen und wollten zurück in ihre Dörfer, auf ihre Felder. Das brachte alle Gefangenen in ein Boot. Dengler hatte bereits seit einiger Zeit die Wächter durch Ritzen in den Wänden beobachtet und belauscht, hatte ein Diagramm angelegt, in dem festgehalten war, wo und zu welcher Zeit sich die Wächter und ihre Waffen befanden. Bald hatte er herausgefunden, daß es täglich zwei Minuten, also einhundertzwanzig Sekunden gab, in denen sie zum Essenfassen in eine Küchenhütte verschwanden. Nur dann ließen sie die Gewehre in ihren Hütten zurück. Sie waren sich ja ihrer Gefangenen in deren Fußblöcken sicher; die verstanden aber inzwischen auch diese zu öffnen. Jetzt mußte alles sehr schnell gehen.

Der Tag der Flucht kam. Jeder der Gefangenen hatte von Dengler eine präzise Aufgabe zugewiesen bekommen. Ziel des Unternehmens war, sich einiger Gewehre zu bemächtigen, die Wächter in der Küche zu umzingeln, gefangenzusetzen und dann für die amerikanischen Flugzeuge großflächige SOS-Zeichen auszulegen. Der Ausbruch endete allerdings in einem blutigen Chaos. Der Koch rief zum Essenfassen. Dengler glitt durch die Bodenbretter, die er bereits gelockert hatte, unter seine Hütte. Dann arbeitete er sich durch die äußere Umzäunung, deren Pfosten er schon vorher in äußerst riskanten Ausflügen halb ausgegraben hatte. Damit man die Spuren seiner Tätigkeit nicht erkennen konnte, hatten die Gefangenen dort ihre Bambusbehälter mit den Fäkalien entleert. Schneller als angenommen war Dengler bereits außerhalb der Umzäunung und schlich zur nächstgelegenen Hütte der Wachmannschaft. Dort lagen, wie er wußte, drei Gewehre. Er nahm sie an sich, lud sie durch, behielt eines und reichte zwei an seine Kameraden weiter, die aus der Bresche gekrochen kamen. Von dem Moment an sollten die Ausbrecher bis sechzig zählen. Nach genau sechzig Sekunden würden sie, von zwei Seiten kommend, die Wächter in der Küche überwältigen. Dengler wollte in dieser Minute mit Duane Martin in einer weiteren Hütte ein leichtes Maschinengewehr an sich bringen und dann von der nördlichen Ecke der Umzäunung angreifen, während die anderen Gefangenen von der Südseite kommen sollten. Das taten diese aber nicht, sondern sie nahmen einfach Reißaus, nicht ohne noch vorher Denglers und Martins Stiefel zu holen, die zusammengeschnürt unter der Hütte eines Wächters hingen. Das Geräusch, das die Hals über Kopf Fliehenden verursachten, alarmierte die Wächter. Dengler sah sich auf einmal ganz allein der gesamten Mannschaft gegenüber, die auf ihn losstürmte. Duane Martin war ein Totalausfall, denn krank, wie er war, erbrach er sich von Krämpfen geschüttelt in einem Gebüsch. Zudem hatte Dengler bei seinen Beobachtungen übersehen, daß sich doch ein Gewehr in der Küche befand. Kugeln pfiffen ihm sofort um die Ohren. Die Wächter stürmten mit Macheten auf ihn los. Der Hausdepp war schon auf zwei Meter an ihn heran, und das Schnellfeuergewehr, mit dem Dengler schoß, flog ihm wegen seiner abgestorbenen Linken bei jedem Schuß fast aus der Hand. Dengler erinnert sich, wie Der Hausdepp von einem Schuß hochgehoben und nach hinten geworfen wurde. Im nächsten Moment war er aber schon wieder auf den Beinen und ging erneut auf ihn los. Diesmal, da er bereits auf Armlänge an Dengler heran war, traf dieser ihn voll.

Der Schußwechsel, das Chaos, das Geschrei kann nicht mehr als zehn Sekunden gedauert haben. Auf einmal liegen fünf Wächter tot am Boden, und Dengler hat nicht einen Kratzer. Er sieht gerade noch, wie zwei Wächter im Zickzack in den Urwald laufen. Sie werden sofort Verstärkung holen. Und so rennt auch Dengler barfuß in den Dschungel hinein. Duane Martin stolpert hinter ihm her. Dengler wird von den sieben Ausbrechern der einzige sein, der lebend zurückkommen sollte.

Und nun beginnt eine dreiwöchige unfaßbare Leidenszeit für die beiden Freunde. Nach nur einer Stunde sind ihre Füße von Dornen aufgerissen und zu dicken Stümpfen angeschwollen. Wolken von Moskitos begleiten die Blutenden. Der einsetzende Monsunregen ist so heftig, als käme das Wasser als einzige solide Masse aus dem Himmel gestürzt. Die beiden Männer können sich nur schreiend verständigen, und nachts müssen sie sich mit Lianen an Baumstümpfen festbinden, um nicht mit dem Morast, den abgerissenen Ästen und dem Wasser in die Tiefe der Schluchten gerissen zu werden. Sie irren ohne Orientierung weiter, stellen nach mehreren Tagen fest, daß sie im Kreis gelaufen sein müssen. Sie weinen zusammen, klammern sich aneinander, zur Tröstung und um sich zu wärmen. Nachts kommen die Blutegel, und am Morgen helfen sich die Freunde gegenseitig, sie mit Bambus abzuschaben. Es sind nicht zehn oder zwanzig Blutegel, die jeder an sich hat, es sind hunderte, die sich als schwarzer Gürtel um den Leib gelegt haben. Sie sind überall, wo die Haut weich und empfindlich ist. Der Blutverlust ist enorm. Die Fliehenden hungern. Gelegentlich finden sie Schnecken oder Insekten. Schon bald fiebert Duane, er hat Malaria. Dengler wird sie sich etwas später holen, dazu Hepatitis, Parasiten und einiges andere mehr.

Nach zehn Tagen erreichen die Freunde einen hoch angeschwollenen Fluß. Sie sind außer sich vor Glück, denn das wird, wie sie es nennen, ihre Autobahn in die Freiheit sein, er wird sie zum Mekong tragen. Es gelingt ihnen unter äußersten Mühen, ein Floß zu bauen und es ins Wasser zu schleifen. Stundenlang treiben sie zwischen den urwaldbewachsenen Bergen westwärts. Dengler glaubt, etwas gehört zu haben. Hörst du etwas, fragt er den fiebernden Freund. Aber der hat nichts gehört. Um die nächste Kurve kommend, schreien auf einmal beide Freunde im selben Moment „Wasserfall" und stürzen sich in den Fluß. Duane erreicht das Ufer, aber Dengler, der beide Gewehre umklammert hält, gerät in den sich beschleunigenden Sog des Flusses. Nur ganz knapp vor der Kante des Wasserfalls schafft er es, sich an einigen Felsen festzuhalten, und er sieht, wie das Floß hundert Meter in die Tiefe stürzt und zerschellt.

Später dann ein ähnlicher Moment des Glücks, der in bitterster Enttäuschung endet: Dengler und Martin gelingt es, mit Hilfe von etwas Pulver aus einer Gewehrpatrone reibend ein Feuer zu entfachen; für die Methode mit den Bambushälften sind sie bereits zu entkräftet. Sie haben ein verlassenes Dorf im Urwald gefunden und stecken den gesamten Ort in Brand. Das Ereignis macht amerikanische Flugzeuge neugierig. In kürzester Zeit kreisen mehrere am nächtlichen Himmel, werfen grelle Leuchtpatronen an kleinen Fallschirmen ab und überfliegen die beiden Schreienden und Winkenden im Tiefflug. Es besteht kein Zweifel: Sie sind gesehen worden. Die Freunde jubeln, fallen sich in die Arme, phantasieren den Rest der Nacht von Steaks und Rettungshubschraubern, von Telefonaten nach Hause und einem trockenen Bett. Am nächsten Morgen jedoch kommt nichts. Niemand. Kein Flugzeug, kein Hubschrauber. Die Freunde warten und warten, und dann sinkt langsam die Enttäuschung in aller Fürchterlichkeit in sie hinein. Man wird sie nicht holen. Sie müssen weiter, weil auch die Verfolger den Brand bemerkt haben müssen. Dengler reißt noch ein Stück Fallschirmseide von einem dornigen Gestrüpp und nimmt es mit. Diesem Stück Stoff und einer Kette von unglaublich glücklichen Umständen wird er später sein Leben verdanken.

Dreißig Jahre später bekommt Dengler unerwartet Post von einem der Piloten, die damals über ihm gekreist waren. Ja, die amerikanische Luftwaffe habe damals das brennende Dorf und die beiden Winkenden deutlich gesehen, schreibt der Unbekannte, aber sie hätten die beiden nicht als Amerikaner erkennen können, vielmehr hätten sie geglaubt, der Vietcong versuche, Rettungshubschrauber in eine Falle zu locken. Sie hätten ausführlich über Funk diskutiert, ob sie Napalm auf die beiden Männer werfen sollten, wären aber von dem Gedanken abgekommen, weil sich wegen zweier armseliger Gestalten eine Bombe nicht gelohnt hätte.

Dengler und Martin mußten weiter. Sie waren inzwischen so geschwächt, daß sie die meiste Zeit nur auf allen vieren krochen. Sie hatten eine einzelne Sohle eines kaputten Tennisschuhs gefunden und trugen sie abwechselnd. An dem furchtbarsten aller Unglückstage trug ihn Duane Martin, mit Lianen am Fuß festgebunden. Die beiden hatten inzwischen alle Vorsicht fallenlassen und krochen einen Pfad entlang. Auf einmal quert ein kleiner Junge mit einem Wasserbehälter auf der Schulter ihren Weg. Sie gehen auf die Knie, falten die Hände und sagen „sabai", einen Gruß. In dem Moment knacken Zweige, Schreie, rennende Dörfler, die von allen Seiten auf sie zustürmen. Duane Martin ist so erschöpft, daß er sich auf die Fersen zurücksinken läßt. Dengler sieht gerade noch im Augenwinkel, wie ein Mann schräg hinter ihm steht, seine Machete über dem Kopf erhoben. Der Mann schlägt zu, und Dengler duckt sich. Die Schneide verfehlt seinen Kopf nur um Zentimeter, trifft aber Martin. Er sieht die Schneide tief in dessen Oberschenkel eingedrungen, Blut spritzt, Martin schreit auf und hält seinen Schenkel mit beiden Händen fest. Mit dem nächsten Schlag fliegt Martins Kopf meterweit weg. Ein Schwall von Blut. Dengler schreit so fürchterlich und macht eine so heftige Bewegung auf den Angreifer zu, daß der und alle anderen Dörfler sofort fliehen, weil sie offensichtlich annehmen, er sei bewaffnet. Die Waffen waren aber längst fortgeworfen, weil sie den Erschöpften zu schwer geworden waren. Ohne später zu wissen, warum und wie er es tut, reißt Dengler seinem sterbenden Freund die Sohle vom Fuß und flieht. Sekunden später nehmen die Angreifer die Verfolgung auf. Dengler nimmt, von einer rettenden Vision seines Vaters geleitet, eine Abzweigung, die seine Verfolger verfehlen, und läßt sich in ein Lianengestrüpp fallen. Wenige Sekunden später kommt eine schwerbewaffnete Vietcong-Kämpferin bis auf zwei, drei Meter an ihn heran und pfeift den anderen Verfolgern Signale zu. Aber sie steht mit dem Rücken zu ihm. Man hat ein Suchgebiet umzingelt, aber er ist knapp außerhalb davon. Daß die junge Frau sein unterdrücktes Keuchen nicht hörte, ist Dengler noch heute ein Rätsel. Er hat es gelernt, sich unsichtbar zu machen, beschmiert sich mit Schlamm, und halb von faulendem Laub bedeckt, läßt er sich in einen Morast absinken. Stunden später tritt ihm ein Vietcong auf die Hand und bemerkt ihn nicht.

Von da an war Denglers Flucht nur noch mechanisch, keine Angst mehr, keine Zeit, weder Tag noch Nacht, keine Gefühle, nur ein gleichgültiges Vorwärtstaumeln, von Fiebern geschüttelt. Er hatte Halluzinationen, sah Rosse auf sich zusprengen. Nur noch vorwärts. Er war dem Tod so nahe, daß er für Momente glaubte, er hat vielleicht noch einen Tag. Ein Kragenbär war ihm die letzten Tage gefolgt, hatte ihn umkreist, war näher gekommen, und Dengler wußte, daß der Bär geduldig auf seinen Tod wartete, um ihn zu fressen. Dennoch vermißte er ihn, wenn er sich entfernte, so wie man die Gegenwart eines Hundes vermißt. Einmal wachte Dengler aus einer Ohnmacht auf, weil er den fauligen Atem des Bären direkt in seinem Gesicht spürte. Der Bär war höchstens einen Meter von ihm entfernt. Dengler wußte, daß der Bär sein Tod war. Seltsam, sagt er heute, mein letzter Freund, den ich am Ende hatte, war der Tod.

Dengler zwei Tage nach seiner Rettung. Er wog nur noch 44 Kilo. Beim Sitzen mußte der Entkräftete gestützt werden.

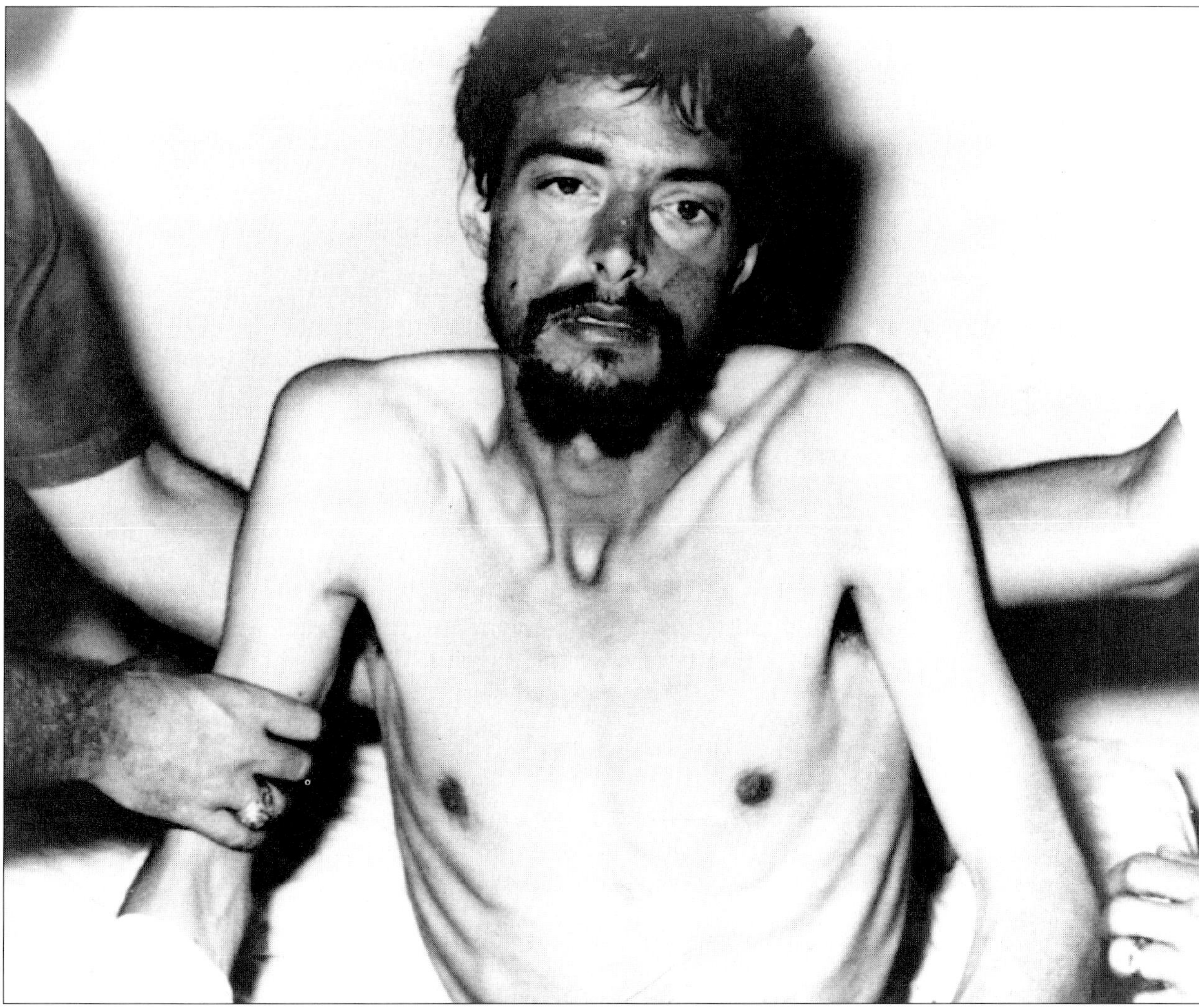

Errettung

Hier wird berichtet, wie Dieter Dengler gefunden und gerettet wurde, wie er eine Schlange in zwei Hälften biß, wie er auf den Flugzeugträger zurück entführt wurde und wie er einen Ort aufsucht, an dem Zehntausende von geparkten Flugzeugen eine ganze Landschaft bedecken.

Der Rest ist rasch erzählt. Dengler hatte einen Fluß durchquert und lag nur halb bei Besinnung auf einem frei sichtbaren, flachen Felsvorsprung mitten in einer scharfen Biegung des Flusses. Weit entfernt, in Südvietnam, sollte eine Fliegerstaffel aufsteigen, um einen neuen Kommandanten in das Gebiet von Laos einzuführen. Die Staffel aber fliegt wegen technischer Probleme erst mit Stunden Verspätung los. Über dem nördlichen Laos angekommen, schert der Neue, sein Name ist Eugene Deatrick und er ist Oberst, ganz wider die üblichen Regeln aus dem Verband aus und geht bis dicht an den Boden hinunter. Ein Fluß, der aus den Bergen kommt, interessiert ihn. Er fliegt ihn ein Stück hoch, während die Staffel ihn drängt, in den Verband zurückzukehren. Er fliegt aber weiter. Er kann nicht direkt nach unten sehen, weil ihm die Flügel seiner Maschine die Sicht blockieren. In einer scharfen Kurve muß er sein Flugzeug um 90 Grad zur Seite kippen, und da sieht er für den Bruchteil einer Sekunde etwas aufblitzen. Er glaubt, das Mündungsfeuer einer feindlichen Flak gesehen zu haben. Warum er zehn Minuten später umkehrt und die Stelle nochmals überfliegt, weiß er bis heute nicht. Diesmal nimmt er einen einheimischen Fischer wahr, der helle Netze auf einem Felsen ausgelegt hat und ihm frenetisch zuwinkt. Er überfliegt ihn ein drittes Mal, weil es ihm seltsam vorkommt, daß der Fischer nicht sofort in Deckung gegangen ist, und bemerkt diesmal, daß die Gestalt da unten ein Zeichen ausgelegt hat, das einem SOS ähnelt. Das S indes ist verkehrtherum geschrieben, wie in Spiegelschrift. Einer der höher kreisenden Piloten bestätigt, daß das wie ein Notsignal aussehe. Man nimmt Kontakt mit der Basis auf, aber die warnt, daß seit Monaten niemand in der Gegend verlorengegangen sei. Man solle umkehren. Es ist ein Sonntag. Zufällig hört ein

Zurück auf der *Ranger*, wohin ihn seine Kameraden aus dem Lazarett entführt hatten.

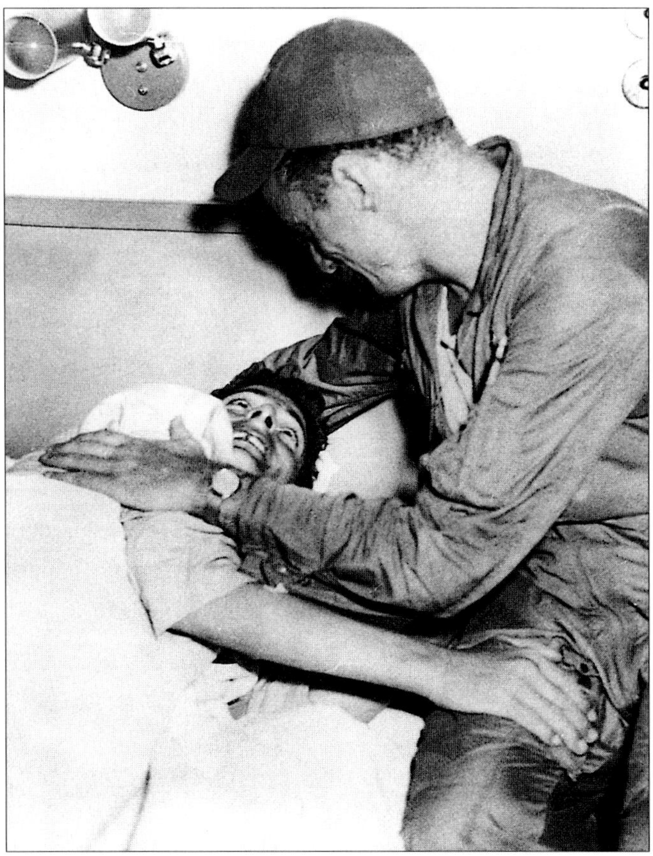

amerikanischer Funker in Thailand die Konversation. Er schaltet sich ein und schlägt vor, daß ein paar gelangweilte Hubschrauberpiloten aus Thailand doch ihre Maschinen, die sonst nur vor sich hinrosteten, zu einer Übung starten könnten. Schließlich kommt das Okay für den Einsatz. Eugene Deatrick führt zwei Hubschrauber an die Stelle, doch jetzt beschleicht ihn die Angst, daß all dies nur eine Falle des Vietcong sein könnte.

Zwei Wochen nach der Rettung. Denglers engster Freund Norman Lessard war so fest von der Wiederkehr des Totgeglaubten überzeugt, daß er in jedem Hafen Geschenke für den Verschollenen kaufte.

Unten auf seinem Felsen betet Dengler, lieber Gott, lieber Gott, Gottchen, laß sie nicht wegfliegen. Er hat mit Streifen des Fallschirms und dem Rest seiner Hose das Signal ausgelegt, aber er weiß nicht, ob er nicht träumt. Erst als einer der Hubschrauber seine zusätzlichen Treibstofftanks abwirft, um leichter in der engen Schlucht manövrieren zu können, weiß Dengler, daß er nicht träumt. Der Geruch des Kerosins gibt ihm Gewißheit. Ein langes Stahlkabel mit einem Rettungshaken wird herabgelassen, aber Dengler ist zu schwach, um den Reißverschluß der Vorrichtung aufzumachen, in der er eigentlich sitzen sollte. Er klemmt sich den halb geöffneten Haken unter die Achsel und wird hochgezogen. Als er dem Hubschrauber nahe ist, starren ihm die Mündungen von Maschinengewehren entgegen. Man glaubt, einen sterbenden Vietcong hochgezogen zu haben, der in der Maschine Handgranaten zünden werde. Er ist als Amerikaner nicht mehr erkennbar, oder überhaupt noch als menschliches Wesen. Im Hubschrauber wirft sich ein schwarzer Korporal mit dem ganzen Gewicht seiner 300 Pfund über das Skelett, das von Dengler noch übrig ist, und ringt ihn zu Boden. Er durchsucht ihn nach Explosivstoffen. Er greift unter Denglers zerfetztes Hemd und zerrt eine halbe Schlange heraus. Die hatte Dengler einen Tag vorher im Wasser schwimmen gesehen und in seinem Hunger in zwei Hälften gebissen. Der dicke Korporal erschrickt derart, daß er aus dem Hubschrauber fällt. Er kann sich aber an einer Kufe festhalten und muß nun seinerseits gerettet werden. Die nächsten anderthalb Stunden bis zur Landung in Da Nang klammert sich Dengler an dem Stiefel eines der Bordschützen fest. Man träufelt Orangensaft in ihn hinein und läßt ihm den Fuß mit dem Stiefel.

In Da Nang kam Dengler direkt ins Hospital. CIA-Leute schirmten ihn ab. Dort war er zwei Tage, delirierte und schlug in Panik um sich. Er schrie, daß er auf seinen Flugzeugträger zu seinen Kameraden zurückwolle. Die Nachricht von seiner Rettung hatte sich wie ein Lauffeuer verbreitet. Nach zwei Tagen kamen ein paar Piloten von der *Ranger* in einem Flugzeug und kidnappten ihn kurzerhand. Sie schnürten ihn unter einer Tischplatte fest, damit er auf dem Rollfeld der Basis nicht gesehen werden konnte, und wuchteten ihn durch ein Fenster ins Freie. Dann flogen seine Kameraden mit ihm aufs offene Meer hinaus. Es war ein nieseliger Tag, und auf dem Flugdeck der *Ranger* war fast niemand zu sehen, nichts als gespenstische Leere. Das Flugzeug wurde auf einer der riesigen Aufzugsplattformen auf ein Zwischendeck hinuntergefahren, wo die Flugzeuge geparkt werden. Die Tür der Maschine, die Dengler zurückbrachte, wurde aufgerissen, und was Dengler dann erlebte, kann er bis heute nur stockend berichten. Der Admiral hatte heimlich die gesamte Besatzung des Flugzeugträgers unter Deck antreten lassen. Viertausend Mann schrien sich die Lunge aus dem Leib, weinende Piloten trugen ihn über einen roten Teppich, und alle seine Freunde waren da, Norman, Spook, Farkas, Lessard. Dengler kann nur Namen aufzählen, dann verläßt ihn die Sprache.

Dengler mit seinem Retter, dem Oberstleutnant Eugene Deatrick. Er entdeckte den verschollenen Piloten bei einem Flug über den Dschungel.

Der Admiral packte seine Sachen, zog aus seinem Quartier aus und schlief bei der Mannschaft in einer Koje. Sein Bett war jetzt Denglers Bett. Rund um die Uhr brieten seine Kameraden gewaltige Steaks für ihn und hielten Wache, denn nachts glaubte er sich weiter von Vietcong verfolgt, schlug um sich und mußte am Bett festgebunden werden. Bald fanden seine Kameraden heraus, welcher der einzige Ort war, an dem sich Dengler wirklich sicher fühlte: das Cockpit eines Flugzeugs. Sie wickelten ihn in Decken, trugen ihn heimlich in das Hangar-Deck des Trägers hinunter und zwängten ihn mit ein paar Kissen in ein enges Cockpit. Dort schlief er ruhig, nur dort.

Dengler bestand darauf, das Filmteam nach Arizona zur Davis Monthon Air Force Base zu bringen. Dort sind vierzigtausend Flugzeuge der Streitkräfte geparkt, dort ist sein Paradies. Von Horizont zu Horizont die Landschaft von Flugzeugen bedeckt, so weit das Auge reicht, in alle Richtungen. Hier ist das Schlaraffenland des Kleinen Dieter, der fliegen wollte und den der Tod nicht wollte. Dengler hatte die Streitkräfte vorzeitig verlassen. Er flog als Testpilot und überlebte vier weitere Abstürze.

Der Tod hatte ihn geflohen.

Und hier waren Cockpits in endloser Fülle, zum Ausruhen, zum Sichersein, gegen den Schrecken der Nacht.

Die Davis Monthon Air Force Base, Denglers Schlaraffenland. Hier in der Wüste von Arizona sind Zehntausende von eingemotteten Flugzeugen abgestellt.

Schiffbruch der Batavia

Außer dem Fliegenden Holländer *hat kein niederländisches Schiff so viele makabre Schlagzeilen gemacht wie die* Batavia, *denn sie fuhr mitten in die Hölle, und nur wenige haben des Teufels Fegefeuer überlebt. Das ist eine Geschichte, die viele fasziniert, weil sie ein morbider, zu Wirklichkeit gewordener Alptraum ist.*

Oben: Schiff der niederländischen Handelsgesellschaft VOC (zeitgenössische Ansicht).

Rechte Seite: Der reichgeschnitzte Heckspiegel der *Batavia* mit dem Wappen von Amsterdam. Die vier zentralen Figuren verkörpern die niederländischen Freiheitshelden Brinio und Claudio Civilis, Wilhelm von Oranien und seinen Sohn Maurice.

Endzeitstimmung. Wie die Kreuze von Golgatha heben sich schwarze Galgen vom glutroten Tropenhimmel ab, und dazu die Leiber der Gehängten. An rohgezimmerten Tischen sitzt das Seegericht, Männer mit weißen Spitzenkragen und schwarzen Samtjacken, Pluderhosen und kegelförmigen, breitrandigen Hüten. Gleich daneben steht die Folterbank. Recht wird hier nach grausam unerbittlichen Gesetzen gesprochen, in denen das Wort Gnade nicht vorkommt und die Lobpreisungen Gottes als leere Floskeln erscheinen. Penibel genau notiert Kommandant Pelsaert die erschütternden Geständnisse der Meuterer und Mörder. Im Algemeen Rijksarchief in Den Haag kann man die nüchterne Beschreibung der blutrünstigen Strafen im Protokoll des Grauens nachlesen. Unter dem Titel „Ongeluckige Voyagie Van't Schip Batavia" wurde die Horrorgeschichte 1647 in Amsterdam zu einem Bestseller.

Die Tragödie beginnt am 4. Juni 1629, zwei Stunden vor Tagesanbruch. Alles scheint friedlich, dabei wird die sonst so stürmische Gegend um den 40. Grad südlicher Breite respektvoll „Die brüllenden Vierziger" genannt. Bei günstigem Wind steuert das riesige Holzschiff unter vollen Segeln nach Osten. Bald will Kapitän Adriaen Jacobsz nach Norden steuern, kurz vor der Westküste Australiens, das der Holländer Dirck Hartoge erst vor zwölf Jahren entdeckt und nach seinem Schiff *Eendrachts Land* genannt hat. Die *Batavia* ist auf dem Weg zum gleichnamigen neuen Handelsfort der *Vereinigten Ostindischen Kompanie*, kurz VOC genannt, auf Java. Auf Wache sieht Jacobsz zwar einen weißen Streifen am Horizont schimmern, aber wahrscheinlich ist das nur die Reflektion des Vollmondes. Hätte der Kapitän die ursprüngliche Bedeutung des portugiesischen Namens der Korallenriffe da vorne gekannt, Abrolhos – „Öffne deine Augen" –, dann wäre das Protokoll einer der haarsträubendsten Mord- und Todschlag-Geschichten in den Annalen der Seefahrt nie geschrieben worden.

Das entsetzliche Geräusch geht durch Mark und Bein. Erst der dumpfe Aufprall des mächtigen Eichenkiels und dann das Knirschen, Schaben und Reißen an den Bugplanken. Die *Batavia* ist auf ein Korallenriff gelaufen. Kanonen brechen aus der Verankerung und stoßen zwischen dichtgedrängt schlafendes Schiffsvolk. Schmerzensschreie hallen aus dem dunklen Schiffsbauch, angstvolle Hilferufe, Panik bricht los. Hunderte Menschen stürzen zu den wenigen Luken. Nur raus aus dem

Oben: 1603 wählten die *Heren XVII* ein Monogramm für die *Verenigde Oostindische Compagnie* (VOC), das zum berühmten Wappen der größten Handelsorganisation des 17. Jahrhunderts wurde.

Rechts: Dank ihrer großen Flotte moderner Retourschiffe, die den Seglern anderer Nationen technisch weit überlegen waren, konnte die VOC ihr weltumspannendes Handelsimperium aufbauen.

schwimmenden Sarg, rauf aufs Oberdeck. Der fieberkranke Kommandeur Francisco Pelsaert wird aus seiner Koje geschleudert, stolpert an Deck, verflucht den Kapitän, diesen vierschrötigen, undisziplinierten Kerl, und übernimmt in diesem Chaos kurzerhand das Kommando. Einmalig ist das in der Geschichte der Seefahrt. An Bord eines Schiffes der Handelsgesellschaft VOC ist stets ein Erster Kaufmann oberster Befehlshaber und der eigentliche Schiffsführer sein Untergebener. Schwere Kanonen werden über Bord gehievt und der riesige Hauptmast gekappt, um das Schiff zu leichtern, aber die *Batavia* sitzt unverrückbar fest auf der Korallenbank. Schon schlagen die Wellen den Holzbauch des Seglers in Stücke, und Wasser stürzt in die Lagerräume.

Im 17. Jahrhundert war die Standortbestimmung zur See noch höchst ungenau. Zwar konnten Schiffsführer schon ziemlich exakt die geographische Breite berechnen, eine präzise Bestimmung des Längengrades aber wurde erst 150 Jahre später mit Hilfe genauer Chronometer möglich.

Auf dem Wrack der *Batavia* geht die monatelang erzwungene Disziplin zum Teufel. Soldaten und Matrosen brechen Vorratskammern auf, saufen kostbaren Wein und den bisher streng rationierten Schnaps in vollen Zügen. Lieber von Sinnen sterben, als das elende Leben bei vollem Bewußtsein aufgeben. Plünderer brechen die Geldtruhen der VOC auf und werfen mit vollen Händen Silbermünzen durch die Offizierskajüten. Grölend feiert der Haufen verzweifelter Kerle dem Tod entgegen, will sich vor dem bitteren Ende wenigstens noch einmal amüsieren. Arm in Arm mit dem Unterkaufmann Jeronimus Cornelisz, einem zynischen Lebemann, ertränkt der verwöhnte Kaufmannssohn Conrad van Huyssen seine Angst im Suff. Verzweifelt versuchen Matrosen in der Dunkelheit die Rettungsboote zu Wasser zu lassen. Das Schiff hat Schlagseite. Brandungswellen schlagen die Boote gegen die Bordwand. Nur mit Mühe können zitternde Frauen und Kinder in Sicherheit gebracht werden.

Wieder und wieder wagt Kapitän Jacobsz bei Tagesanbruch die gefährliche Fahrt zum nächsten, zwei Kilometer entfernten Eiland. Schließlich drängen sich über 200 erschöpfte Schiffbrüchige auf dem winzigen Fleckchen Erde, kaum 350 Meter lang und 80 Meter breit. Bald soll es „Batavias Friedhof" heißen. Unter spärlichem Buschwerk suchen die Gestrandeten Schutz vor der sengenden Sonne, bauen aus zerfetzten Segelplanen primitive Zelte und Schutzdächer. Zwar konnten genügend Lebensmittel gehortet werden, aber nur wenig Wasser. Einige Fässer hat die See im Laderaum zerschlagen, den Rest verteidigen betrunkene Rohlinge. Nur die Waffen der Soldatenwachen halten die verzweifelten Menschen auf der Insel davon ab, die Vorräte zu plündern. Schon nach wenigen Tagen torkeln nach Wasser schmachtende Menschen herum und lallen mit geschwollener Zunge. Ausgezehrte Menschen im Delirium verlieren den Verstand. Voller Verzweiflung trinken sie ihren eigenen Urin und Meerwasser, dessen Salz die Nieren zerfrißt. Am fünften Tag werden endlich die verbissenen Gebete im Angesicht des Todes erhört. Regenstürme bringen Erleichterung, falsche Hoffnung keimt auf.

Der Kommandant und der Kapitän haben sich auf eine Nachbarinsel gerettet. Bald wird sie „Verräterinsel" geschimpft. Der von Krankheit geschwächte Pelsaert und der bullige Jacobsz streiten wütend miteinander. Keiner will dem anderen das Rettungsboot anvertrauen. Also fahren die beiden gemeinsam mit vierzig Schiffbrüchigen auf Wassersuche zu den hohen Inseln, die man am Horizont ausgemacht hat. Weil die Korallenbänke trocken liegen, nimmt die Schaluppe Kurs nach Norden, um zu versuchen, im fernen Batavia auf Java Hilfe zu holen. Pelsaert erlaubt sogar Untersteuermann Gillis Fransz und zehn Mann, die ebenfalls vergebens mit dem Beiboot nach Wasser geforscht hatten, mitzufahren. Währenddessen werden die Gestrandeten ohne Boot ihrem trostlosen Schicksal überlassen. Wut und Verzweiflung packt die Elenden. Mit Recht haben sie Angst, von ihren verantwortungslosen Führern verraten zu werden. Warum hat der Kaufmann den erfahrenen Seemann Jacobsz nicht allein mit der Schaluppe nach Batavia geschickt? Wußte Pelsaert von den Meuterplänen des Kapitäns und seiner Spießgesellen, die zum großen Teil mit im Boot sitzen? Fürchtet er nun, daß sie sich aus Angst vor drohender Strafe absetzen? Aber wohin soll man am Ende der Welt fliehen?

Langsam bricht die Brandung das Wrack in Stücke. Tagelang peitscht ein Sturm die See. Verzweifelt klammern sich die letzten Überlebenden auf dem Schiff an Wanten, Masten und das steil aufragende Bugspriet. Immer wieder wagt ein Verzweifelter den Sprung ins aufgewühlte Meer, gelingt es Soldaten und Matrosen, auf Treibholz, gebrochenen Rahen oder Schiffsplanken an Land zu treiben. Der Rest des verlorenen Haufens, vierzig Mann, ertrinkt am zehnten Tag nach dem Schiffbruch. Einer aber schafft es noch im letzten Augenblick, auf einem Türblatt bis zur trostlosen Hauptinsel zu schwimmen. Jeronimus Cornelisz, nach Pelsaert und Jacobsz der Dritte in der Befehlshierarchie, schleppt sich am 14. Juni 1629 an Land. Von der führungslosen Notgemeinschaft wird der zerlumpte Zweite Kaufmann als Retter in höchster Not gefeiert, landet doch endlich ein Mann mit offizieller Autorität. Doch bald zeigt der Wolf im Schafspelz sein wahres Gesicht.

Links: Die mächtige Galion am Bug der *Batavia* mit dem riesigen Klüverbaum, dem vierten Segelmast des Schiffes. Unter dem Baum setzt eine Galionsfigur, der rotgoldene „Löwe von Holland", zum Sprung an.

Oben: Zehn Jahre baute Schiffsbauer Willem Vos an seinem Meisterwerk, das er nach alten Plänen in der Schiffbautechnik des 17. Jahrhunderts auf Kiel legen ließ.

Auferstehung

Auf der Riffkante bricht das gespenstische Gerippe des Wracks auseinander und versinkt in der Tiefe. Über 350 Jahre später ist die *Batavia* in den Niederlanden wieder auferstanden. In Lelystad an der Zuidersee wurde das Meisterwerk alter Schiffbaukunst originalgetreu nachgebaut und stellt damit ein einmaliges historisches Dokument aus einer anderen Welt dar. Schiffbaumeister Willem Vos hat Dokumente aus dem 17. Jahrhundert studiert, Gemälde alter Seeschlachten, Kupferstiche, Weltkarten und das Flaggschiff der schwedischen Kriegsflotte, die *Wasa*, um den Dreimaster so getreu wie möglich nachbauen zu können.

Mit einer Länge von 45 Metern von Steven zu Steven gehörte die *Batavia* zu den größten Schiffen ihrer Zeit. Eine filigran geschnitzte Galion

Oben: Das dreistöckige Achterkastell, die Befehlszentrale, Waffenkammer und Wohnung für Offiziere und privilegierte Passagiere.

Unten: 32 Kanonen konnten auf Laufstafetten durch Geschützpforten in Stellung gebracht werden. Wegen der Handelskriege mit anderen Nationen waren Retourschiffe der VOC Lagerhaus und Festung zugleich.

stützt das 19 Meter lange Bugspriet. Wie eine riesige Kanone ragt der drei Tonnen schwere Lerchenbaum aus dem Vorschiff. 3500 Kubikmeter Holz wurden verbaut, 1180 Quadratmeter Segeltuch aus grobem Leinen genäht, 21 Kilometer für die Takelage gedreht und mit Holzteer beschmiert. Allein das große Stag, das 600 Kilo schwere Tau, das Großmast und Fock verspannt, ist 14 Zentimeter dick. Zehn Jahre dauerte die Rekonstruktion der *Batavia.* Im 17. Jahrhundert wurden solche „Retourschiffe", die im Liniendienst zwischen Europa und den Gewürzinseln im heutigen Indonesien verkehrten, in sechs Monaten gebaut. Ostindiensegler wie die *Batavia* waren schwimmende Festungen, Lagerhaus und Waffenlager, Arbeitsplatz und oft auch Gefängnis zugleich. Sechs Stockwerke ragt das imposante Schiff empor. Über den drei Hauptdecks türmt sich achtern das dreistöckige Kastell, die Befehlszentrale, Waffenkammer und Wohnung für Offiziere und bevorzugte Passagiere. Mit seinen barocken Schnitzereien und protzigen Skulpturen sieht der Segler wie ein schwimmender Palast aus, steigt man aber in den dunklen Schiffsbauch, so ist das wie eine Reise in eine düstere Zeit, denn dort unten litten die Menschen unter dumpfer Enge voller Dreck und Ungeziefer. Menschlichkeit und humane Gesinnung standen nicht in den Statuten der VOC.

Während des Unabhängigkeitskampfes gegen Spanien schlossen sich 1579 die sieben nördlichen protestantischen Provinzen der Niederlande in der „Utrechter Union“ zu einer Föderation zusammen, die unter dem Namen *Generalstände* bekannt wurde. In den nördlichen Niederlanden hatte sich der Calvinismus durchgesetzt, die radikalste Form der Reformation. Calvin hatte gepredigt, der einzige Sinn des Lebens bestehe darin, Gott Ehre zu erweisen. In der „Prädestinationslehre“ heißt es, daß Gott den Einzelnen entweder zur Verdammnis oder zur Seligkeit vorbestimme, worauf das Individuum keinen Einfluß habe. Das bedeutet für den Gläubigen jedoch nicht, daß er in Untätigkeit verharren solle. Ganz im Gegenteil: Arbeit gilt als Gottesdienst und finanzieller Erfolg als Zeichen göttlicher Gnade. Damit wurde der Calvinismus zu einer Voraussetzung für den Aufstieg der Niederlande zur führenden Handels- und Seemacht. Die protestantische Ethik des radikalen Reformators machte die Holländer zu ungewöhnlichen Aktivisten. Manche wurden zu harten und rück-

Im Unterdeck wurden die wertvollen Waren aus Fernost gestapelt. Tief unten im Bauch des Schiffes lagerten Gewürze wie Pfeffer, Zimt, Nelken und Muskat, aber auch Seidenstoffe, die in Europa mit Gold aufgewogen wurden.

Links: Matrosen reffen in schwindelnder Höhe die schweren Rahsegel. Die „Jan Maats" wurden auf den Schiffen der VOC wie rechtloses Arbeitsvieh geschunden.

Unten: *Tote Augen* genannte Blöcke dienten auf Segelschiffen zum Verankern des „Stehenden Gutes".

sichtslosen „Machern" im Kampf um die „Ehre Gottes" und die Eroberung von Handelsmärkten. Gott Mammon war bald mächtiger als Gottvater.

Zur gleichen Zeit stieg die Hauptstadt der Provinz Holland, Amsterdam, zur alles bestimmenden Metropole auf. Im Vergleich zum übrigen Europa galt die Stadt als eine Insel der Toleranz und geistiger Freiheit, weshalb sich dort zahlreiche Immigranten aus ganz Europa niederließen. Lebten hier 1570 noch 30 000 Menschen, so zählte das neue Handelszentrum 1648 bereits 160 000 Einwohner.

1602 wurde in Amsterdam die bald übermächtige *Verenigde Oostindische Compagnie* (VOC) gegründet. „Multi" würde man den ersten Weltkonzern kapitalistischer Frühzeit heute nennen, der schon nach kurzer Zeit enorme Gewinne machte. Der Zusammenschluß mehrerer Kompanien erhielt nicht nur exklusive Rechte für den Asienhandel, sondern durfte auch eigene Flotten bauen, Streitkräfte unterhalten und Krieg führen, Geld prägen, Verträge schließen und die kontrollierten Gebiete nach eigenem Gutdünken verwalten. Ein Staat im Staate, dessen Macht und Prestige unbestritten waren. Die VOC war die erste Aktiengesellschaft großen Stils, ein Großkonzern, der vom Vorstand der *Heren XVII*, einem siebzehnköpfigen Direktorium, mit eiserner Hand gelenkt wurde. Die Chefs tagten in der Zentrale der Macht, dem *Oostindisch Huis* am Kloveniersburgwal in Amsterdam, das gleichzeitig Rekrutierungsbüro und Gerichtshof war. Hier lagerten auch der Proviant für die Mannschaften und die Waren aus Fernost: Pfeffer, Zimt und Muskatnuß, Baumwolle, Nelken und Lorbeer, Gummi, Indigo und Seidenstoffe.

Linke Seite: Das Traumschiff aus Hollands Goldenem Jahrhundert ist nach 350 Jahren wieder auferstanden. Tausende Besucher bewundern jedes Jahr den Ostindienfahrer im Hafen von Lelystad an der Zuidersee.

Der Mammutkonzern erhielt von den Generalständen die Erlaubnis, in der Hemisphäre östlich des Kaps der Guten Hoffnung, die der Papst den Portugiesen zugesprochen hatte, im Namen der Republik einen Wirtschaftskrieg gegen die Lusitanier zu führen, die den Ostasienhandel kontrollierten. Die holländischen Republikaner trieben die Portugiesen mühelos aus ihren Festungen im Fernen Osten, denn sie verstanden das Kriegshandwerk und ihre Kontore besser zu führen als die konservativen Emissäre einer absoluten Monarchie. Bald erstreckte sich ein Netz von Faktoreien und Handelsstationen von Indien bis Japan, die zu Bastionen der größten Handelsmacht der damaligen Welt ausgebaut wurden. 1619 gründete der Generalgouverneur der VOC, Jan Coen, auf Java das Handels- und Verwaltungszentrum „van ons Indie", Batavia, heute Djakarta, die Hauptstadt Indonesiens.

Ganz rechts: Das Medaillonportrait soll Francisco Pelsaert darstellen. Angeblich wurde es 1625 in Agra gemalt, als der Kaufmann die VOC am Hof des Mogulkaisers in Indien vertrat.

Oben: Der Gründer des Handelsforts „Batavia" auf Java, der Generalgouverneur Niederländisch-Ostindiens Jan Pietszoon Coen (1587–1629), baute das Handelsimperium der VOC in Fernost mit rücksichtsloser Gewalt auf.

Oben rechts: Goldmedaille mit dem Plan von Batavia (1632). Im unteren Teil ist die gerade fertiggestellte, sternförmige Handelsfestung der VOC eingraviert.

Stürmische Jungfernfahrt

Die neunmonatige Reise der *Batavia* scheint von Anfang an mit einem Fluch beladen. Schon im Ärmelkanal läuft das Flaggschiff auf eine Sandbank und muß im nächsten Hafen repariert werden. Kaum wieder gestartet, bedroht im Nordatlantik der erste Sturm das Unglücksschiff und zerstreut die sieben Segler der Flotte, zu der die *Batavia* gehört, in alle Winde. Tief stürzt der Bugsprit in die wilde See, Wellenberge überrollen das Deck und spritzen über das hohe Kastell. Die prallen Sturmsegel knattern im Wind, der das hochbordige Schiff bedrohlich nach Lee drückt.

Im Unterdeck krachen schlampig verzurrte Fässer und Balken aneinander. Der riesige Laderaum ist bis zum Rand vollgestopft. Handelswaren wie Gold, Silber, Schmuck und Münzen, Spiegel und Glas, Leinenstoffe und Metallwaren sind neben 600-Liter-Fässern mit Trinkwasser gestapelt. Dazu Kanonenkugeln, Ersatzanker, Holz für Reparaturarbeiten und jede Menge Ballast: Sand und Steine, deren Gewicht den hohen Schwerpunkt des Schiffes ausgleichen soll. Besonders schwer sind die Fertigteile für das riesige Eingangstor des neuen Handelsforts Batavia, exakt behauene Steinquader, Kapitelle und Säulen. Auf der Asienfahrt aber wird unten auch menschliche Fracht gelagert.

Wütendes, ängstliches Gebrüll hallt dumpf aus der „Kuhbrücke", wie das flache Zwischendeck auch genannt wird. Das sturmgebeutelte Schiff wirft die Männer erbarmungslos durcheinander. In der Kuhbrücke sind fast hundert Seesoldaten zusammengepfercht, die sich in dem gerade mal 120 Zentimeter hohen Zwischendeck nur tief gebückt vorwärtsbewegen können. Das schummrige Licht der Tranfunzeln mußte wegen der Brandgefahr gelöscht werden. Es stinkt erbärmlich in dem Verlies. Seekranke Soldaten, Landratten allesamt, würgen und kotzen, überquellende Eimer voller Notdurft kippen um. Soldaten bleiben während der ganzen Reise eingesperrt, weil sie an Deck den Seemannsdienst behindern würden. Nur einmal am Tag dürfen sie an die frische Luft, exerzieren, um die Beine zu vertreten, und auf der Galion Schlange stehen und schnell das „Geschäft" verrichten. Zwei Plumpsklos gibt es hier für Mannschaft, Soldaten und die meisten Passagiere. Für die Kaufleute, Offiziere und vornehmen Reisenden hängt im Achterschiff in den balkonartigen Galerien an Back- und Steuerbord je ein vornehmes Plumpsklo.

In der Kuhbrücke herrscht babylonisches Sprachgewirr. Sechzig Prozent der Seesoldaten kommen aus dem Ausland, vorwiegend aus Frankreich. Die Bevölkerung der jungen Republik ist zu klein, um den Menschenbedarf der VOC zu decken. Verzweifelt hämmern die eingepferchten Männer gegen die Luken zum Batteriedeck. Wer will schon wie Ratten im sinkenden Schiff ersaufen? Bei Sturm aber bleiben die Luken zu den Oberdecks verrammelt.

Fest verzurrt sind die Feuerrohre auf ihren Laufstafetten und reißen doch los im Sturm, werden zu rollenden Ungetümen, die so manches Bein zerquetschen. 32 Kanonen stehen an Back- und Steuerbord des Batteriedecks. Die *Batavia* ist Fracht- und Kriegsschiff zugleich. Keiner würde das Chaos hier für die Gefechtszentrale einer fahrenden Festung halten. Ein Tohuwabohu voller schreiender Kinder, Frauen und seekranker Männer, die mit letzter Kraft die Kanonen anzulaschen versuchen. Unter der Treppe zum Oberdeck wälzt sich stöhnend eine schwangere Frau auf einer nassen Strohmatte. Sie hoffte ins Paradies nach Indien zu fahren, und jetzt bringt sie ihr erstes Kind im Fegefeuer zur Welt. Fast ein Jahr lang beziehen vier Dutzend Passagiere in den engen Räumen zwischen den Kanonen Quartier. Die Angestellten der VOC haben mit Segeltuch notdürftig ein paar Nischen abgeteilt, um die Frauen vor den geilen Blicken von fast zweihundert Seemännern zu schützen, mit denen sie im Vorschiff des Batteriedecks hausen.

Jeder Matrose, *Jan Maat* wird er in Holland genannt, darf eine Seekiste mit seinen wenigen Habseligkeiten verstauen. Wenn die dienstfreien Wachen ihre Hängematten aufhängen, schaukelt die Masse der schmutzstarrenden Leinenkojen wie ein sinnenverwirrendes Mobile hin und her. Auch hier verpesten die Ausdünstungen Hunderter Menschen und der Gestank von Exkrementen und Erbrochenem die Luft. Alle werden von Ungeziefer geplagt. Hygiene ist ein Begriff der Neuzeit, auf der *Batavia* wäscht sich niemand. Um Epidemien zu verhindern, wird das Bettzeug alle paar Wochen an Deck gelüftet, werden die Quartiere mit Schießpulver ausgeräuchert, Planken und Balken mit Essig bespritzt. Doch oft passiert es, daß auf einem Retourschiff Grippe, Typhus oder Gelbfieber ausbricht und die Hälfte des Schiffsvolks innerhalb weniger Tage stirbt.

Zwei Wachen sind ans Oberdeck befohlen, um den Sturm abzuwettern. Kapitän Jacobsz brüllt seine Befehle gegen den heulenden Wind und scheucht die Jan Maaten die geteerten Wanten hoch, läßt zerfetzte Segel abschlagen, die Takelage festzurren, herabgestürzte Rahen über Bord werfen. Mit drei Wachen, etwa hundert Besatzungsmitgliedern, wäre die *Batavia* ausreichend bemannt, aber die VOC heuerte die doppelte Zahl an, weil die Hälfte der Mannschaft nun mal erfahrungsgemäß auf einer Reise den Tod findet. Damit in den Niederlanden niemand erfuhr, wie unmenschlich es zum Teil auf den gefährlichen Seereisen zuging, mußten Briefe nach Hause die Zensur der VOC passieren.

Seelenverkäufer

Seelverkope, „Seelenverkäufer", nannte man in Holland skrupellose „Matrosenmakler", die gewinnbringende Geschäfte mit den Seelen unglücklicher Menschen machten. *Seelverkope* verkauften Menschen – arbeitsloses Gesinde, Vagabunden oder verzweifelte Flüchtlinge – für Kriegs- oder Schiffsdienste. Ein Blick in die Kirchenregister zeigt, daß in Amsterdam jeder fünfte Bräutigam ein Seemann war, aber die Bevölkerung der Republik reichte nicht aus, um den Bedarf an Dienstmannen zu decken. Etwa die Hälfte der Besatzungen kommt aus dem Ausland, meist Strandgut der grausamen Kriege, die Europa verwüsten. Wen die berüchtigten Werber mit verlogenen Versprechungen in ihre Fänge bekommen, dem zahlen sie ein Handgeld. Damit sich keiner der Angeworbenen aus dem Staub macht, unterhalten und bewachen die Rattenfänger ihre Beute so lange in gefängnisartigen Verliesen, bis die VOC wieder Leute anheuert. Für jeden rekrutierten Mann kassiert der Seelenverkäufer einen

Transportzettel, einen Schuldbrief über 150 Florin, der nach Rückkehr jedes „verkauften" Mannes ausbezahlt wird.

In der strengen Hierarchie an Bord gibt es nicht nur die da unten und die oben. Der unüberbrückbare Bereich zwischen der Welt der wenigen Privilegierten und der Masse der rechtlosen Habenichtse wird auch durch ein Vorne und Hinten markiert. Hinter dem Hauptmast, achtern, ist das Reich der VOC-Vertreter, der Schiffsoffiziere und reichen Passagiere. Dort drängen sich die Hauptdarsteller der Tragödie. Da schwitzt Oberkaufmann Pelsaert in seiner Kajüte während der ganzen Reise im Fieberwahn der Malariaanfälle; Kapitän Jacobsz, der Prediger Gijsbert Bastiaensz mit Frau und Töchtern, der reiche Patriziersohn Conrad van Huyssen und die schöne Lucretia, die zu ihrem Mann, dem Unterkaufmann van der Mylen, nach Batavia fährt, haben nicht mehr als mit Leinwand abgetrennte Nischen. Noch einer leidet in seiner eigenen Koje unter Seekrankheit, der Unterkaufmann Jeronimus Cornelisz, der schreckliche Dämon der Höllenfahrt. Der gelernte Apotheker spinnt sein Netz aus Verrat und Wollust im Verborgenen.

Im Vorschiff haust der „Abschaum", wie Gouverneur Coen Soldaten und Matrosen in einem Brief an die *Heren XVII* schimpft. Hinten essen die Herrschaften an einem gedeckten Tisch, in der Back vorne löffelt das Schiffsvolk seine Mahlzeiten in Sechsergruppen aus einem Holztrog. Vor allem nach längerer Fahrt ist der „Fraß" kaum noch genießbar. Den halben Liter Trinkwasser, der pro Tag ausgegeben wird, kann man nur mit größtem Widerwillen herunterwürgen, denn nach ein paar Monaten stinkt die jauchebraune Brühe ekelerregend und wimmelt von Algen, Bakterien und Insektenlarven. Warme Mahlzeiten sind ein Festessen, denn der Koch kann in seiner zweieinhalb Quadratmeter großen Kombüse nicht für 341 Menschen gleichzeitig kochen. Die Speisen für die Herrschaften achtern haben immer Vorrang. Das Fleisch der wenigen Schweine und Hühner, die an Bord gefüttert werden, und das kümmerliche Gemüse, das man auf dem Oberkastell in einem Minigarten zu züchten versucht, verbessern nur die Speisekarte der Achtergäste. Wegen des Mangels an frischem Gemüse und Vitaminen heißt die Geißel der Seeleute Skorbut. Auch auf der *Batavia* sind Todeskandidaten schnell an blutenden Geschwüren des Zahnfleisches zu erkennen.

Meuterei

Drei Monate dauert die Fahrt zum Kap der Guten Hoffnung. An der Südspitze Afrikas nimmt die *Batavia* Frischwasser auf und tauscht bei den ansässigen Hottentotten Proviant ein. Im Schatten des Tafelberges ankern mehrere Schiffe neben ihr, um sich von den Strapazen der langen Reise zu erholen.

Unterkaufmann Cornelisz soll Kapitän Jacobsz angestiftet haben. Der Intrigant will Unfrieden schüren, denn er hat Böses im Sinn. Der Kapitän widersetzt sich dem ausdrücklichen Befehl seines Kommandeurs, fährt auf Sauftour zu zwei holländischen Konvoischiffen und prügelt sich volltrunken mit fremden Offizieren. Eine ungeheure Disziplinlosigkeit, die normalerweise auf VOC-Schiffen streng bestraft wird. Der junge Adriaen Pelsaert hat wegen seines kaufmännischen Weitblicks eine steile Karriere hinter sich und ist gerade zum Flottenkommandanten und Mitglied des mächtigen Großen Rates für Ostindien ernannt worden, der dem Gouverneur bei der Verwaltung des Handelsimperiums in Asien assistiert. Aber der sensible, durch lange Krankheit zermürbte Kommandant ist zwar ein guter Kaufmann, doch keine Führernatur, die ein paar Hundert hartgesottene Männer im Zaum halten kann. Um sein Schiff heil nach Batavia zu steuern, ist er auf Gedeih und Verderb auf den Kapitän angewiesen. Pelsaert wagt nicht, Jacobsz auspeitschen zu lassen, maßregelt den Schiffer aber in aller Öffentlichkeit und schürt so die lang schwelende Wut des empfindlichen Rauhbeins auf den verachteten Vorgesetzten.

Auf dem unermeßlichen Ozean steuert das Drama fast schicksalhaft seinem makabren Höhepunkt entgegen. Jacobsz setzt sich über alle Anstands- und Schiffsgesetze hinweg und provoziert den schwachen Kommandeur. Seit Amsterdam schon stellt der großspurige Kapitän der

Mitten in der unendlichen Wasserwüste des Indischen Ozeans entlädt sich die lang aufgestaute Gier der Matrosen. Vermummte Meuterer wagen es trotz der Angst vor grausamen Strafen, die feine Dame Lucretia van der Mylen zu schänden.

27jährigen Lucretia van der Mylen nach, die wegen ihrer vornehmen Herkunft achtern schlafen darf. Die Lady läßt den unverschämten Freier abblitzen, der sich darauf an Lucretias praller Zofe Swaantie schadlos hält. Vergebens klagt die Herrin über die Schamlosigkeit ihrer Dienerin, deren Liebhaber im Gegenzug Lucretia in Verruf bringt. Die angeblich so tugendhaft schöne Dame, so verbreitet Jacobsz gehässig, sei in Wirklichkeit eine Edelnutte, die ihre Reise teuer an den Kommandeur verkaufe.

Immer mehr verliert der puritanisch enthaltsame, geschwächte Pelsaert an Autorität. Zunehmend läßt die Disziplin der Mannschaft nach, und der liederliche Kapitän ist ihr Vorbild. Die Jan Maaten werden mit Hilfe drakonischer Strafen im Zaum gehalten, während die Schiffsführung die Gesetze ungestraft brechen darf. Wut und Neid sind die Folge. Zu viele Männer gammeln herum, haben zu wenig zu tun und verfolgen die drei Dutzend Frauen an Bord mit lüsternen Blicken. Sex ist Hauptgesprächsthema auf der langen Fahrt der *Batavia*. Homophilie ist bei den grausamen Strafen zu gefährlich. Natürlich onanieren die dreihundert Männer. So viel Geilheit haben die rauhen Kerle aufgestaut, da genügen ein paar aufputschende Sprüche oder ein falscher Blick, um ein Unglück auszulösen. In der Unendlichkeit des Ozeans wird der Alptraum um Mitternacht Wirklichkeit.

Vermummt lauern sie im Schatten des Großmastes, packen mit rohen Händen zu und „hängen die Lady an ihren Füßen über die Bordwand und betatschen ihren Körper höchst unsittlich", wie es ein Übeltäter Monate später unter der Folter gesteht. Ein anderer beichtet, daß sie Lucretia „ausgezogen, mit ihrem Haarband gebunden und mit Kot und Teer beschmiert" haben, ein drastischer Denkzettel, der manchmal schwulen Kameraden verpaßt wird. In diesem entehrenden Zustand findet ein Offizier die Geschändete. Welch ungeheurer Frevel! Kielholen oder zu Tode peitschen, sollte man annehmen. Aber nein, der Kommandeur läßt die Schurken nur in Eisen legen. Erst nach einer langen Odyssee schlagen grausame Richter die amputierten Körper der Missetäter aufs Rad. Hatte Kapitän Jacobsz seinen Freund, den Bootsmann Jan Evertsz, zu dieser Untat angestiftet, oder war es Unterkaufmann Cornelisz gewesen, der sich wie Dr. Jekyll hinter der Maske des gebildeten Biedermanns versteckt und nur im Verborgenen den bösen Mr. Hyde offenbart? Der egozentrische Verschwörer macht sich die aufsässige Unruhe an Bord zunutze. Er will das Kommando über das Schiff übernehmen, heißt es im Protokoll, und alle über Bord werfen, bis auf 120 Mann, die man zum Segeln des Schiffes braucht. Zusammen mit Jacobsz, Conrad van Huyssen und anderem Gesindel soll dann die Blutfahne – die Piratenflagge – gehißt werden.

Vor dem Seegericht trichtern die Henker noch mehr Wasser in den aufgezwungenen Rachen, und schon gesteht auch der Soldat Jan Hendricksz aus Bremen, der Unterkaufmann habe ihn zur Meuterei verführt. Die Luken zum Soldatendeck wollte man zunageln. Schiffer Jacobsz sollte den

In Erinnerung an die schlimmste Tragödie, die sich vor der Küste Australiens abgespielt hat, malte Max Cramer genau 300 Jahre nachdem die *Batavia* auf ein Riff aufgelaufen war, das dramatische Bild vom Wrack des Flaggschiffs der VOC.

Kommandeur über Bord werfen. Freibeuter wollten die Meuterer dann werden. Mord und Totschlag auf Kaperfahrt, das klang für die geschundenen Seeleute nach Freiheit und schnellem Reichtum.

Und dann rammt die *Batavia* das Korallenriff vor den Inseln Houtman Abrolhos. Nur der Schiffbruch verhindert die Meuterei und ist doch nur Auftakt zu schlimmeren Verbrechen.

Aus der Luft erkennt man die langgezogenen Brandungswellen des Riffs am besten, das auf australischen Karten „Morning Reef" heißt, weil hier 1629 im Morgengrauen die *Batavia* strandete. Zwei Kilometer nördlich leuchten die weißen Korallenstrände der winzigen Verräterinsel, dahinter das spitzwinklige Dreieck von Beacons Island, wie Batavias Friedhof heute heißt. Im Westen erstreckt sich das lange, kaum 50 Meter breite Riff

Seals Island, Robbeninsel. Dahinter sieht man zwei höher gelegene Flekken: die Hohe Insel und die Katzeninsel. Die flachen Eilande erheben sich kaum über das unendliche Azurblau des Ozeans. Es sind in Jahrtausenden aus dem Meer gewachsene Korallenbänke, auf denen sich Algensedimente und Guano ablagerten. Nur wenige Pflanzen können den beständigen Südwestwinden widerstehen, Dornenbüsche, grüne Moos- und Algenflächen. Die endlose Kakophonie von fünfzig verschiedenen Seevogelarten erinnert schmerzlich an längst verwehte Todesschreie.

Wer heute die fünfzig Kilometer von der australischen Küste zu den Abrolhos-Inseln fliegt, den beeindruckt die herbe Schönheit der Inseln. Stößt man aber auf die Steinverhaue, die entschlossene Männer vor Jahrhunderten hier zur Verteidigung aufschichteten, fühlt man sich in eine grausige Vergangenheit versetzt. Wer auf Batavias Friedhof landet, der bekommt eine Ahnung davon, welch bedrückend hoffnungslose Verlassenheit die damals Gestrandeten auf diesen Eilanden am Ende der Welt erlebt haben. Es muß die Hölle gewesen sein, umgeben von einem feindlichen Ozean, gepeinigt von Hitze, Durst und Hunger, und vor allem die hysterische Angst vor den Mordgesellen des „Großen Kommandeurs".

Am 14. Juni kriecht der Unterkaufmann Jeronimus Cornelisz völlig erschöpft auf den winzigen Strand. Auf Batavias Friedhof wird er als rettender Messias begrüßt, dem die Schiffbrüchigen Treue und Gehorsam schwören. Auf einer Fläche von weniger als sechs Fußballfeldern hausen 250 Menschen, die in wenigen Tagen eine kleine Zelt- und Hüttenstadt errichten. Immer wieder gelingt es, Holz, Werkzeug, Nägel und Seile mit primitiven, aus Treibholz gezimmerten Booten und Flößen zu bergen. Zwar holen verwegene Schwimmer auch Wasserfässer, Wein und Schnaps, vier Tonnen Brot und Pökelfleisch aus dem Wrack, aber Cornelisz erkennt schnell, daß der Vorrat bei weitem nicht ausreicht, um über längere Zeit alle Mäuler zu stopfen, auch wenn man hin und wieder eine Robbe oder einen Fisch fängt. Frischwasser hat man vergebens auf den verstreuten Inseln gesucht. Wäre es da nicht überlebenswichtig, überlegt Cornelisz, all die Mitesser mit Hilfe einiger Halunken umzubringen?

Unten: Die Korallenriffe der Houtman Abrolhos Inseln vor der Westküste Australiens wurden vielen Schiffen zum Verhängnis.

Ganz unten: Noch heute künden die Knochen Erschlagener und Reste alter Verteidigungsanlagen von schaurigen Greueltaten längst vergangener Zeiten.

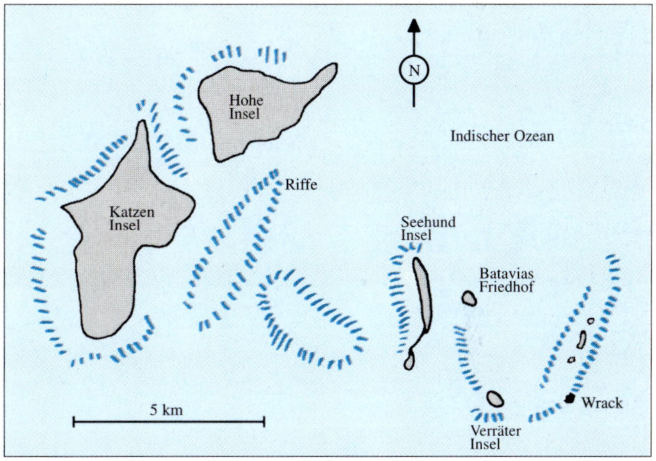

Jeronimus Cornelisz ist Anhänger einer obskuren Sekte und handelt nach dem Wahlspruch: „Es gibt weder Teufel noch Hölle, genieße auf Erden, denn ein Jenseits existiert nicht!" Als der Teufel in Menschengestalt das Koralleneiland in einen Ort des Grauens verwandelt, nennt man die Insel am Ende der Welt schaudernd „Batavias Friedhof".

Dann - sollte je Hilfe aus Batavia geschickt werden - einfach das Schiff kapern und Freibeuter werden vor der Küste Madagaskars oder Indiens. Und kommt keine Hilfe, so könnte der perfide Sinnenmensch doch wenigstens vor seinem Tod noch ein kurzweilig ausschweifendes Leben führen.

Der angebliche Heilsbringer entpuppt sich als Satan. Einen Monat lang heckt der Meuterer seinen heimtückischen Plan aus, verspricht heimlich hier, lockt da, droht dort und versammelt schließlich 36 zu allem entschlossene Spießgesellen, die sich ihr Essen durch Henkersarbeit verdienen müssen. Einige von ihnen beruft der Anführer zu „Ratsherren" des verschworenen Packs und Conrad van Huyssen zum Obersten der übergelaufenen Soldaten. Dann predigt er seinen Gesellen, daß es weder Teufel noch Hölle gäbe und jeder ungestraft ludern könne.

Cornelisz muß jedoch seinen Plan vorsichtig angehen, weil die Opfer bei weitem in der Überzahl sind. Vor allem die kampferprobten Soldaten sind gefährlich. Also schickt Cornelisz einige seiner Männer zu den Nachbarinseln und streut nach ihrer Rückkehr das Gerücht aus, dort gäbe es Wasser, wenn man nur tief genug grabe. Der resolute Soldat Webby Hayes entschließt sich, sein Glück mit vierzig französischen Kameraden aus dem Zwischendeck auf den „hohen Inseln" zu suchen. Die Gruppe ist zwar mit Werkzeug und Brot ausgerüstet, aber ihre Waffen lassen die Männer vertrauensselig auf Befehl von Cornelisz zurück. Nachdem der Betrüger hoch und heilig versprochen hat, regelmäßig Proviant nachzuschicken, paddeln auch noch 45 Männer, Frauen und Kinder auf wackligen Flößen zum langen Riff der Robbeninsel. Auf dem trostlosen Dünenstreifen schmachten die Betrogenen ohne Wasser und Proviant und sind dem sicheren Tod ausgeliefert. Den Rest der Soldaten auf Batavias Friedhof wird der Tyrann auf perfide Art los. Er schickt sie nacheinander in kleinen Gruppen mit obskuren Aufträgen zu anderen Inseln. Während der Fahrt stoßen ausgesuchte Totschläger die ahnungslosen Söldner vom Floß und ertränken sie. Jetzt erst beginnt der wahre Terror, verwandelt sich die Insel in ein Schlachthaus.

Der größenwahnsinnige Cornelisz ernennt sich zum „Großen Kommandeur" seines Inselstaates und läßt seiner kranken Phantasie freien Lauf. Wie in einer Tragödie öffnet sich der Vorhang zu einem blutigen Drama in bunter Kostümierung. Der Diktator kontrolliert längst alle Vorräte und hat auch die Schätze gehortet, die aus der *Batavia* geborgen wurden. Wie von Sinnen plündern der Gernegroß und seine Schergen die Truhen der VOC, staffieren sich wie Kanevalsprinzen aus und behängen sich mit wertvollem Schmuck. Wie die Gockel stolzieren sie durchs Lager, scharlachroter Wams, zitronengelbe Pluderhose, giftgrüner Hut und die Schuh- und Gürtelschnallen aus schwerem Silber. Wüste Feste feiert die Meute im neuen Ornat und verliert im Suff auch noch den letzten Rest an Mitleid, während die Notleidenden vor Hunger und Durst in Agonie verfallen. Aus Verzweiflung essen die Hungrigen sogar Gras. Erst werden drei verheiratete Frauen mit Gewalt genommen und zur Hurerei gezwungen, ihre Männer erschlagen oder eingeschüchtert. Bald wird auch der Rest der überlebenden Frauen geschändete Beute der rüden Verbrecher. Der kultivierte Cornelisz aber mischt sich nicht unter seine primitiven Spießgesellen, sondern macht sich durch ständige Drohungen die unnahbar edle Lucretia gefügig. Die züchtige Ehefrau muß sich den perversen Launen ihres Peinigers fügen, will sie nicht „von jedem geschändet und mißbraucht werden", wie sie gewarnt wird.

Während seine rüden Schergen die schiffbrüchigen Frauen vergewaltigen, zwingt der gebildete Ästhet Cornelisz die züchtig-schöne Lucretia van der Mylen mit verhüllten Drohungen, seine Geliebte zu werden.

Am 5. Juli öffnen sich die Tore zur Hölle. Wie apokalyptische Reiter fallen die Mordbrenner über die hilflosen Schiffbrüchigen her, schießen, hauen, stechen und würgen ohne Unterlaß. 125 verstümmelte Opfer werden notdürftig im harten Boden verscharrt oder einfach den Haien zum Fraß vorgeworfen. Cornelisz macht sich natürlich nicht selbst die Hände schmutzig. Der Apotheker mischt nur einmal Gift und probiert seine Hexenkünste an einem kleinen Jungen aus. Weil ihm der Trank zu langsam wirkt, erwürgt der Sadist das Kind. Der perverse Mann ergötzt sich an der Todesangst seiner Opfer.

Als sich nach Wochen auf der Robbeninsel noch immer ausgemergelte Gestalten zeigen, schickt Cornelisz seine Todesengel über die Lagune.

Die gruselerregende Geschichte vom Untergang der *Batavia* wurde im 17. Jahrhundert zum Medienereignis. Zahlreiche Chroniken und Erzählungen voller Kupferstiche, die einst anstelle sensationeller Pressefotos gedruckt wurden, bedienten die Nachfrage nach morbiden Katastrophengeschichten.

Kein Zeuge des Terrors darf übrigbleiben, denn sollte es nicht gelingen, das Ersatzschiff aus Batavia zu überwältigen, kann man behaupten, die Schiffbrüchigen seien verhungert und verdurstet. Die Schergen hetzen die Opfer durch die Dünen, massakrieren sie am Strand, ertränken sie in der seichten Lagune. Nur der Junge Jan de By wird verschont, nachdem er schwört, den Mordbuben bei ihrem blutigen Geschäft zur Hand zu gehen.

Wie eingeschüchtert die Menschen auf Batavias Friedhof sind, zeigt die Haltung von Pfarrer Gijsbert Bastiaensz, ein Zeuge, der tatenlos abseits steht, ohne die moralische Macht seines Amtes im Kampf gegen das Grauen einzusetzen. Auch der Gottesmann glaubt durch Willfährigkeit Schonung erbetteln zu können, aber er wird am 21. Juni auf makabre Weise enttäuscht. „Wir beteten zu Gott, daß er uns erlösen möge", schreibt der Leidgeprüfte später an Verwandte, „doch dann erhielten wir die Nachricht, daß uns Cornelisz verschone, wenn ich meine älteste Tochter Judick dem Soldatenobersten Conrad van Huyssen zur Frau gäbe. Am Abend luden sie Judick und mich zum Essen in ihr Zelt, um alles zu verabreden. Ich hatte keine Wahl."

Ablehnen hieße Tod für die ganze Familie, also opfert der Vater seine Tochter, die nach langem Sträuben einwilligt. Aber während van Huyssen das begehrte Mädchen im Festzelt heiratet, schlagen Cornelisz' Schergen ihrer Mutter den Kopf ein und erstechen ihre beiden Schwestern und drei Brüder. Das Gesinde von Bastiaensz springt auch über die Klinge. „Wie groß waren meine Qualen", jammert der Familienvater, „wie groß der Schrecken, als ich meine Familie vor unserem Zelt hingeschlachtet finde.

Während meiner Abwesenheit hatten sie meine Frau und die fünf Kinder erschlagen! Was für eine Grausamkeit! Oh, schlimmster Horror allen Horrors!“ Trotz seines Schmerzes verbieten die Mörder dem Prediger sogar das Weinen.

Warum überlebt der Pfarrer? Sollte sich Cornelisz doch noch einen Rest Gottesfurcht bewahrt haben, oder hat der gerissene Schurke andere Pläne mit dem angesehenen Bürger? Warum lassen so viele Menschen das Gemetzel ohne Gegenwehr geschehen? Der Terror ist so gnadenlos, die Häscher übermächtig, Angst lähmt die Menschen und die Hoffnung, daß es nur den Nachbarn trifft und man selbst wie durch ein Wunder davonkommt. Und die Handlanger des Terrors? Die Killer laufen nicht im Blutrausch Amok, und die meisten töten auch nicht aus Mordlust, sie töten, um ihr eigenes jämmerliches Leben zu retten, überflüssige Esser zu beseitigen, um Zeugen auszuschalten. Sicher befinden sich einige Sadisten unter den Schlächtern, und ewig als Untermenschen traktierte Männer wollen endlich auch einmal Macht ausüben, wie der Konstabler Allert aus Assendelft, der laut Zeugenbericht einen Maat mit dem Messer jagte und dabei schrie: „Hinaus, du Hundevieh, jetzt bin ich einmal Herr!“ Andries de Fries gibt zu Protokoll, Cornelisz und seine Leutnants hätten ihn ins Kommandozelt gerufen und mit Gewalt gezwungen, mehreren Kranken den Hals abzuschneiden. Drei Tage später habe man ihn geheißen, auch die restlichen Kranken umzubringen.

Die gottlose Bande schwört sogar Eide und unterschreibt ein Bündnispapier, in dem es kurioserweise heißt: „da möge uns Gott wahrlich hel-

Cornelisz, der sich zum Großen Kommandeur ernennt, hetzt seine Spießgesellen zum Pogrom auf unschuldige Männer, Frauen und Kinder. Der sadistische Tyrann will die kargen, aus dem Wrack geborgenen Rationen nicht mit den Schiffbrüchigen teilen.

fen" und „bei der Seligkeit unserer Seelen". Sind das leere Formeln, die Menschen aus Gewohnheit benutzen, weil sie in einer Umwelt aufgewachsen sind, in der die Religion das ganze Leben bestimmt? Oder zeigt sich hier noch ein Rest Gewissen? Holocaust-Forscher beschreiben, wie „ganz normale Männer" innerhalb kurzer Zeit zu Massenmördern wurden, „zu effizienten, gefühllosen Henkern", und machen unter anderem persönliche Entwicklungen, das soziale Umfeld und gruppendynamische Vorgänge, wie Autoritätshörigkeit oder Konformitätsdruck, die Angst, als Feigling zu gelten, für den Wandel zum Unmenschen verantwortlich. Vielleicht gelten einige der Erkenntnisse auch für die Mörder auf Batavias Friedhof.

Die Rettung

Nur selten gelingt es der Mannschaft des Rettungsbootes, die Küste von *Eendrachts Land* zu erreichen. Mal verhindern haushohe Brandungswellen, mal endlos steile Felsklippen oder feindliche Eingeborene die Landung. Wasser suchen die Matrosen vergebens. Kapitän Jacobsz mag ein großspuriger Maulheld und undisziplinierter Offizier sein, aber er ist auch ein fähiger Steuermann. 1900 Kilometer segelt der Skipper mit der überladenen Schute und dem kleinen Beiboot im Kielwasser an der Küste eines unbekannten Kontinents entlang und dann übers offene Meer bis zu den Sunda-Inseln. Unter den Frauen und Kindern an Bord befindet sich auch Lucretias Zofe Swaantie, die ihrem Liebhaber zum Ärger Kommandant Pelsaerts nicht von der Seite weicht. Das Baby, das im Sturm auf der *Batavia* zur Welt kam, ist mit seiner Mutter ebenfalls dem Greuel auf Batavias Friedhof entkommen.

Am 4. Juli, nach 26 elenden Tagen auf See, treffen die Schiffbrüchigen, die aussehen wie „lebende Geister", vor der Küste Javas auf die *Saandam*, mit der die *Batavia* einst im Konvoi Amsterdam verlassen hatte. Kaum in der neuen Handelsniederlassung Batavia angekommen, schickt Gouverneur Coen den totkranken Pelsaert mit der *Saandam* zu den Abrolhos zurück, um mögliche Überlebende zu retten. Am 15. Juli lichtet das Schiff Anker und segelt nach Süden. Kaum jemand glaubt daran, nach so langer Zeit noch Überlebende vorzufinden, aber Kommandant Pelsaert fiebert der Rettung der Gestrandeten dennoch entgegen, hängt doch seine Kariere vor allem auch davon ab, die kostbare Ladung der *Batavia* erfolgreich zu bergen.

Währenddessen landet Webby Hayes' Soldatentrupp auf der Hohen Insel. Ein karger Flecken, aber zur Freude der ausgehungerten Männer wimmelt es dort von Seevogelnestern voller Eier, und das Fleisch von seltsam pelzigen Viechern, die ungewöhnlich große Sprünge machen, ist sehr schmackhaft. Hayes' Männer haben als erste Weiße australische Zwergkänguruhs zu Gesicht bekommen, und weil sie die seltsamen Tiere an

Katzen erinnern, nennt Webby Hayes die Insel Katzeninsel. Zwanzig Tage suchen die Soldaten vergebens nach Wasser, bis sie am 20. Juli endlich fündig werden. Jetzt gibt es Hoffnung, die lange Wartezeit bis zur Rückkehr des Kommandeurs zu überleben. Wie verabredet, läßt Hayes drei Feuerzeichen entzünden, um den Schmachtenden auf Batavias Friedhof die frohe Botschaft zu verkünden, aber zu aller Erstaunen kommt keine Reaktion. Was war auf der Insel geschehen? Erst als Pieter Lambertsz während des Massakers auf der Robbeninsel die Flucht gelingt und er an Treibholz geklammert bis zur Katzeninsel strampelt, erfährt Hayes' Truppe die fürchterliche Nachricht. Hastig schnitzen die gewarnten Soldaten Speere und bauen kleine Verteidigungsstellungen, die noch heute wie Denkmale des Terrors auf der Insel stehen. Am 23. Juli wird Jean Coos gefangengenommen, der auf Befehl von Cornelisz vergebens versuchte, die französischen Söldner auf die Seite der Meuterer zu ziehen. Am 27. Juli versucht es der wutentbrannte Tyrann mit Gewalt. Aber die 22 bis an die Zähne bewaffneten Angreifer rechnen nicht mit dem schwierigen Terrain. Wütend treiben Hayes' Soldaten die Angreifer mit einem Stein- und Speerhagel in die Flucht. Cornelisz wird nervös. Nach seinen Berechnungen könnte das Ersatzschiff bald eintreffen. Dennoch wartet der Freibeuter einen langen Monat, bevor er eine neue Überrumpelungschance sucht. Der Mörder von Bastiaensz' Familie schickt den eingeschüchterten Prediger als Vermittler zu Hayes. Aber Bastiaensz schließt sich Hayes' Leuten an und überläßt seine Tochter Judick schweren Herzens der Willkür des ruchlosen Tyrannen. Diesmal fährt der sonst so feige Cornelisz selbst mit Conrad van Huyssen und vier seiner treuesten Anhänger zur Katzeninsel und hofft seine Gegner durch scheinheilige Versprechungen zu überrumpeln. Jedem Soldaten bietet er 6000 Gulden und alle Reichtümer dieser Welt an, wenn sie nur zusammen auf Kaperfahrt gingen. Hayes aber durchschaut die Falschheit und macht kurzen Prozeß, läßt den Verbrecher fesseln und seine Getreuen auf der Stelle hinrichten.

Man sollte glauben, die Gefangennahme des Anführers signalisiere den Anfang vom Ende der Revolte, aber der letzte Akt der schrecklichen Tragödie hat noch einen spannenden Höhepunkt zu bieten. Auf Batavias Friedhof schwört der Rest der Meuterer einem neuen Führer Gehorsam. Der Soldat Walter Loos übernimmt die Macht und bläst am 17. September zum Angriff auf die kümmerlichen Steinverhaue Webby Hayes', der nun schon drei Monate auf der Katzeninsel ausharrt. Und da geschieht das Wunder. Mitten in der Entscheidungsschlacht erscheint plötzlich wie ein rettender Engel die Silhouette der *Saandam* am Horizont. Zwei Monate hat das Schiff bei konstantem Gegenwind gebraucht, um die Abrolhos zu erreichen. Das Wettrennen beginnt. Schnell entschließt sich Walter Loos zur Piratenstrategie, eilt zurück zu Batavias Friedhof, hält Kriegsrat und rudert schließlich der *Saandam* entgegen, um das Schiff zu entern und in seine Gewalt zu bringen. Die Ereignisse überschlagen sich. Wer wird den

Segler, der in Lee der Hohen Insel vor Anker geht, als erstes erreichen: die Kaperer oder Webby Hayes mit seinen Mannen? Kommandant Pelsaert, der zur gleichen Zeit mit dem Beiboot der *Saandam* zur Hohen Insel segelt, protokolliert das Geschehen: „Ich bemerkte ein kleines Boot mit vier Mann an Bord, als es die Nordspitze umrundete. Webby Hayes sprang an Land und rief, während er auf uns zurannte, lauthals: ‚Willkommen, willkommen! Kehrt so schnell wie möglich an Bord zurück. Eine Bande Verbrecher will Euer Schiff überfallen!'" Unmittelbar vor den Meuterern gelingt es Pelsaert, die *Saandam* zu erreichen. Als Loos und seine Leute an Bord klettern, werden sie sofort in Eisen gelegt und eingekerkert. Endlich hat das Elend der Überlebenden ein Ende genommen, aber auf Batavias Friedhof geht das Grauen weiter um. Die Guten haben zwar über die Bösen gesiegt, aber auf die wartet nun eine gnadenlose Abrechnung.

Grausames Gericht

Man könnte denken, es sei alltägliche Schifferarbeit und nicht die Vorbereitung zu einem grausamen Spektakel. Vor dem Bug legen Matrosen den mittleren Teil einer Leine aus, lassen sie unter den Schiffsbauch gleiten und ziehen sie an beiden Bordseiten bis in den Bereich des Großmastes. Die Tampen der Leine scheren die Männer an der Backbord- und Steuerbordnock der Großrah durch Blöcke und holen sie an Deck zurück. Ohne Mitleid binden ehemalige Kameraden einen der Verräter an dem von der Nock zur See führenden Leinenteil fest, beschweren die Füße mit Kanonenkugeln und schnüren ihm einen geölten Schwamm vor den Mund für eine winzige Menge Atemluft. Sie heißen den Verurteilten bis zur Rah und lassen ihn fallen. Die schrecklichen Schreie und Flüche des Geschändeten fahren durch Mark und Bein, ersticken abrupt beim Aufprall aufs Wasser. Von der anderen Bordseite ziehen die Henker den Verurteilten unter dem Kiel hindurch. Der Mann ist fast erstickt, als er aus der See auftaucht, der Körper aufgeschlitzt vom messerscharfen Muschelbewuchs des Schiffsbodens. Der Mörder kann keinen Pardon erwarten. „Kielhaalen" nennt man die grausame Strafe, die 1560 zum erstenmal in einer niederländischen Schiffsordnung erwähnt wird. Wer das Kielholen überlebt, so lautet das Urteil Pelsaerts, dem wird der Rücken mit zweihundert Peitschenhieben zerfleischt. Daß erstaunlich viele Verbrecher die Höllenqualen überleben, nützt ihnen wenig. In Batavia verurteilt der strenge Gouverneur „die viel zu leicht Bestraften" zu einer grausamen Todesqual: Rädern. Erst bricht man den Delinquenten mit einer Eisenstange Beine, Arme und Rückgrat, dann werden die zusammengeschnürten Menschenbündel an ein Wagenrad geschlagen. Für die drei Schiffsjungen Lucas Gellis, Daniel Heijlwejk und Hans Cornelisz denkt sich der Gouverneur von Batavia ein besonders grausames Urteil aus. Die Unglücksraben müssen losen, wer von ihnen aufs Schafott steigt. Die beiden „Gewinner" werden noch einmal am Schandpfahl gegeißelt, obwohl ihre Rücken noch von den ersten hundert Peitschenhieben blutig sind. Danach sind die Jungen zu drei Jahren verschärfter Kerkerhaft verdammt. Der „Große Kommandeur" Cornelisz muß mit schlimmeren Konsequenzen rechnen. Der Terror der Richter unterscheidet sich kaum von dem der Gerichteten.

Schiffsgericht auf Batavias Friedhof. „Auge um Auge, Zahn um Zahn" hieß das alttestamentarische Gesetz, nach dem noch in der Neuzeit Recht gesprochen wurde.

Zwei Wochen tagt das Seegericht Kommandant Pelsaerts und seiner vier Beisitzer, während Schiffszimmerleute schon die Galgen richten. Die obligatorische Folter ist angesagt. Nach Sitte und Gesetz des 17. Jahrhunderts wird jeder Angeklagte gepeinigt, auch wenn er geständig ist. Pelsaerts Henkersknechte stecken den Mördern einen Trichter in den Mund und zwingen sie, so lange Wasser zu schlucken, bis der Bauch wie ein riesiger Kürbis aufgebläht ist. „Wasserprobe" heißt das in der Gerichtssprache.

Der Soldat Jan Hendricks aus Bremen gesteht, auf ausdrücklichen Befehl von Cornelisz an die zwanzig Menschen getötet oder bei ihrer Ermordung geholfen zu haben. Er und seine Kameraden hätten geglaubt,

Ein Angeklagter muß so lange Wasser schlucken, bis sein Bauch aufgebläht ist. „Wasserprobe" hieß diese grausame Tortur in der Amtssprache des 17. Jahrhunderts.

Kapitän Jacobsz habe den Kommandanten auf dem Weg nach Batavia über Bord geworfen. Mit Pelsaerts Rückkehr habe er nicht gerechnet.

Cornelisz, der jede Verantwortung für die Missetaten auf seine Kumpane abwälzt, muß die Wassertortur mehrere Male ertragen, bis er endlich das ganze Ausmaß seiner sadistischen Frevel zugibt und verurteilt werden kann. Am 28. September 1629 wird Cornelisz, „ungefähr 30 Jahre alt, ein schrecklich heruntergekommenes Subjekt, gleich einem Tiger ohne jede Menschlichkeit", sechzehn Verbrechen für schuldig befunden. Für den Führer und sieben seiner schlimmsten Handlanger lautet das Urteil: abschlagen beider Hände und am Hals aufhängen, bis der Tod durch Ersticken eintritt. „Rache! Rache!" sind die letzten haßerfüllten Worte des Sadisten, bevor ihm der Strick die Luft abschnürt, schreibt Prediger Bastiaensz.

Von den 341 Personen, die mit der *Batavia* in See stachen, überleben nur 113 Männer, 7 Frauen und 2 Kinder. Welch ein Gemetzel.

In Amsterdam erinnern noch heute Straßennamen daran, daß Grausamkeit zum Alltag der Menschen gehörte. Noch bis 1795 führte die Obrigkeit in der Galgenstraat zur Abschreckung blutige Schauspiele auf.

Zwei Mördern wird seltene Milde zuteil. Der 18jährige Walter Loos, der letzte Anführer der Meuterer, und Jan de By, der Junge, der auf der Robbeninsel aus Todesangst ins Lager der Meuterer gewechselt war, werden wegen ihrer Jugend begnadigt und an der australischen Küste ausgesetzt. Niemand hat je wieder von den ersten weißen Bewohnern des fünften Kontinents gehört.

Nachdem ihnen vorher die Hände abgeschlagen worden waren, sühnen Cornelisz und seine schlimmsten Schlächter am 2. Oktober 1629 für ihre Missetaten am Galgen. Noch heute ragt der Rest eines verwitterten Galgenbaumes in den Tropenhimmel über den Abrolhos.

Wie ergeht es den überlebenden Hauptpersonen der Tragödie? In einem Brief rechtfertigt sich Pelsaert bei den „Hochwohlgeborenen und Allmächtigen Heren XVII“: „Auf Grund meiner langen Krankheit wurde ich schwächer und schwächer. Ich mußte 1200 Meilen unter schrecklichen Bedingungen, geplagt von Hunger, Durst und anderen Entbehrungen, in einem offenen Boot reisen ... Ich habe ein ganz reines Gewissen in bezug auf meine Arbeitsbeziehungen zur Kompanie. Ich habe nicht gefehlt und keinen Fehler gemacht noch irgendein Verbrechen begangen. Vor Gott und meinen Dienstherren bezeuge ich meine Festigkeit im Glauben.“ Obwohl der unglückliche Mann nicht offen kritisiert wird, lasten ihm seine Vorgesetzten doch die Disziplinlosigkeit an Bord der *Batavia* und seine unzeitgemäße Milde bei der Bestrafung der Schuldigen an. Ein Jahr nach dem Schiffbruch stirbt der gebrochene Mann an seiner schweren Krankheit.

Der bullige Adriaen Jacobsz wird für seine Treulosigkeit, seine liederliche Hurerei und wohl auch für die Verantwortung am Verlust von wertvollem Eigentum der VOC erstaunlich milde zu Kerkerhaft verurteilt. In keinem Dokument der Gesellschaft taucht jemals wieder sein Name auf. Über das Schicksal seiner geliebten Swaantie ist nichts bekannt.

Als die schöne Lucretia van der Mylen Batavia erreicht, erfährt sie zu allem Unglück auch noch, daß ihr Mann gestorben ist. Bald beginnt sie ein neues Leben mit einem anderen Mann. Daß er nur ein einfacher Unteroffizier ist, liegt wohl daran, daß Lucretia geschändet und damit entehrt wurde. 1635 kehrt sie in die Niederlande zurück und zieht nach Leiden.

Prediger Gijsbert Bastiaenz findet Trost bei einer Witwe und stirbt 1633 an der Ruhr. Sein berühmter, vor Selbstmitleid nur so triefender Brief an seine Familie in Holland ist eine der Quellen dieses Berichtes. Tochter Judick Bastiaenz, erzwungenermaßen verheiratete van Huyssen, überlebt zwei weitere Ehen und bekommt 1634 wegen ihrer Armut 300 Gulden von der VOC als Wiedergutmachung zuerkannt.

Bleibt noch der Held der Geschichte, Webby Hayes. Pelsaert befördert den tapferen Soldaten zum Unteroffizier. In Batavia wird Hayes für seine Verdienste sogar zum Standartenführer ernannt. Hoffen wir, daß er sein Glück genießen konnte und nicht wie so viele seiner Kameraden in einem der unzähligen Kolonialkriege oder an einer Tropenkrankheit starb.

Epilog

Was für eine Aufzählung unvorstellbarer Grausamkeiten haben wir erlebt. Hatten die Menschen vor drei Jahrhunderten weniger Mitleid, waren sie abgestumpfter, brutaler? Schauen wir uns die Handbücher der VOC an, in denen die Strafen für jedes Vergehen an Bord genau vorgeschrieben sind. Die schlimmsten wie Kielholen werden bei Mord, Meuterei und Gotteslästerung verhängt. Das Offiziersgericht ist schnell mit dem Todesurteil bei der Hand. Nur wenige Delinquenten überleben das „Rahgehen“, wenn sie mit verbundenen Augen in schwindelnder Höhe über dem schwankenden Deck balancieren müssen. Deserteure hängt, Sodomisten und Homosexuelle ertränkt man. Für verbotenes Kartenspiel oder Trunkenheit stehen Auspeitschen, Lohnkürzungen oder Aussetzen von Wasser- und Essensrationen im Strafregister. Erhebt ein Jan Maat die Hand gegen einen Soldaten, rammt der Oberbootsmaat die rechte Hand des Schuldigen mit einem Takelmesser an den Großmast. Besonders gefürchtet ist die „Hölle“, ein dunkler Verschlag vor dem Fockmast, in dem Eingekerkerte weder stehen noch liegen können. Wer das menschenunwürdige Leben an Bord eines Seglers wie der *Batavia* kennt, versteht vielleicht, warum Kapitäne glaubten, die rauhen, geschundenen Matrosen nur mit drakonischen Strafen in Schach halten zu können. Die Furcht, die rohen Gesellen könnten sich wie in die Enge getriebene Ratten selbst zerfleischen oder gegen die gnadenlosen Offiziere meutern, saß der Schiffsführung stets im Nacken.

Wer bedenkt, wie verroht, abgestumpft und mitleidlos Menschen vor allem durch die ständigen Verwüstungen ewiger Kriege voller Hunger, Elend und millionenfachem Tod waren oder wie groß ihre Angst vor Seuchen wie der Pest war, der versteht eher, warum die Achtung vor den Rechten des Individuums noch wenig Bedeutung hatte. Die Würde des Menschen war nicht unantastbar, wie es heute im Grundgesetz steht. Soldaten waren nichts als Kanonenfutter, Seeleute Arbeitsvieh, dessen Schicksal nichts zählte. Vielleicht wurden Unglück und Elend fatalistischer hingenommen, weil man glaubte, Gott habe es so gewollt. Auch bei der Lektüre von Pelsaerts Protokoll des Seegerichts hat man den Eindruck, da wird in Gottes Namen gestraft und nicht nach VOC-Gesetz. VOC-Gesetz galt als Gottes Gesetz.

Nachzutragen wäre noch, daß Kommandant Pelsaert nicht etwa nur wegen der Rettung der Schiffbrüchigen zu den Abrolhos zurückgeschickt worden ist. Die VOC ist eine Handelsgesellschaft, Geld regiert ihre Welt, und deshalb soll alles Menschenmögliche unternommen werden, so viele Wertsachen wie möglich aus dem Wrack zu bergen. Javanischen Tauchern gelingt es denn auch, Juwelen im Wert von 58 000 Gulden, schweres Tafelsilber, zehn Kisten und neun Beutel holländische Taler sowie 41 Beutel mit „doppelten und einfachen Stübern" vom Meeresgrund zu bergen.

1963, 334 Jahre nach dem Untergang der *Batavia,* finden australische Schatzsucher nur noch ein paar Silbermünzen vor dem Morning Reef. Von dem Dreimaster sind Teile des eichernen Rumpfes und des Achterkastells übriggeblieben. Heute türmt sich das mächtige Hinterteil des VOC-Schiffs im Marinemuseum der australischen Hafenstadt Fremantle vor den Besuchern auf. Dort sieht man auch, was Bergungsmannschaften sonst noch gefunden haben: Kanonen und Eisenkugeln, Schiffsglocke und Anker, Keramik- und Zinngeschirr, 100 Silbermünzen, Leuchter, Tabakdosen und das riesige, aus Fertigteilen zusammengesetzte Steintor, das nie in die Festungsmauer von Batavia eingebaut wurde.

Und so schließt Kommandant Pelsaert seinen Bericht in einem devoten Schreiben an die *Heren XVII*: „Ehrenwerte, tapfere, weise, fürsorgliche, höchst verständige, verehrte Herren, ich bete zu Gott, daß er meinem bescheidenen Wunsch Rechnung tragen möge, Euch, verehrte Lords, vor weiterem Schaden zu bewahren, und daß er Euch in diesem Jahr mit größerem und weitaus ergiebigerem Handel und was die Hochwohlgeborenen sonst noch benötigen, belohnen und daß es der Erlösung Eurer Seelen dienlich sein möge."

Geschrieben im Fort Batavia, den 12. Dezember 1629

Teufelsritt auf dem Highway Gottes

Habe Mut, die Furcht vor dem Unbekannten zu besiegen. Tritt aus der Menge heraus und dringe ein in die Erregung wachsender Ungewißheit.

John Amatt

Dramatik und Abenteuer, Spannung und Gefahr, Sehnsucht und Begeisterung. Sind es diese Elemente, die große Entdecker und Forscher von einst mit wagemutigen Abenteurern von heute verbinden? Freiwillige Leidenswege, qualvoll und mühsam, durch Ängste und Risiken gekennzeichnet. Wohl niemand hat den legendären Typus des Afrikaforschers so unverwechselbar verkörpert wie David Livingstone. Was für eine Persönlichkeit steckt hinter jenem Namen? Ähneln die Motive, die ihn im Afrika des 19. Jahrhunderts zu unvorstellbaren Leistungen trieben, denen moderner Abenteurer? „Entdecker des 20. Jahrhunderts", die ihre psychischen und physischen Grenzen in Extremsituationen ausloten und auf der Suche nach dem „Kick" einen spektakulären Kampf mit der Umwelt auf sich nehmen?

David Livingstone wurde 1813 im schottischen Blantyre geboren und starb 1873 in Chitambo in Afrika.

Die Reisebeschreibungen von David Livingstone, dem unermüdlichen schottischen Missionar, haben Generationen fasziniert. Die Verbreitung des Christentums, sein Kampf gegen die Sklaverei, aber auch die Jagd nach Ruhm und Ehre für das Vaterland ließen ihn 40 000 Kilometer zu Fuß in Afrika zurücklegen. Nach seiner mehrere Jahre dauernden Zambezi-Expedition, in deren Verlauf Livingstone die Victoriafälle entdeckte, wurde der unerschrockene Missionar in Europa zum Helden.

Was passiert heute am Zambezi? Wie hat sich das Leben am viertgrößten Fluß Afrikas im Laufe von fast 150 Jahren verändert? Jonas Nöcker und Clemens Machilek, zwei deutsche Wildwasserkanuten, wagen das scheinbar Unmögliche. Eine Sturzfahrt in winzigen Kajaks durch die Hölle der Zambezi-Schlucht von den Victoriafällen abwärts. Das gefährlichste Wildwasser der Welt, das David Livingstone bei seiner Suche nach einer schiffbaren Handelsroute verwehrt blieb. Die gewaltigen Stromschnellen zwangen ihn zu quälenden Fußmärschen im malariaverseuchten Dschungel.

Eine Konfrontation des klassischen Abenteuers im Herzen Afrikas mit dem technischen Know-how und dem logistisch perfekt organisierten Teufelsritt von heute. Eine kritische Auseinandersetzung mit unterschied-

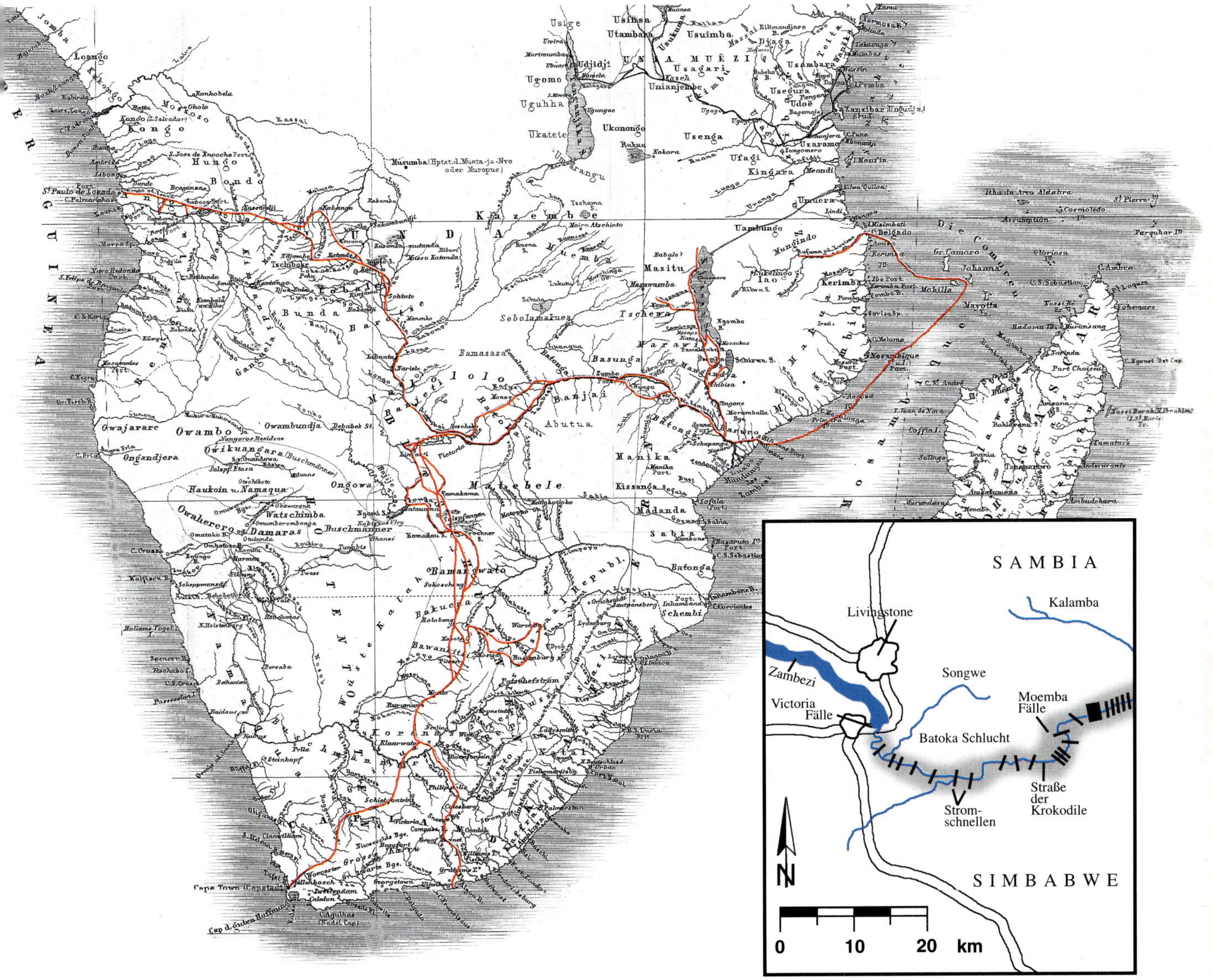

Große Karte: David Livingstones Reisen im südlichen Afrika von 1841–1873. 40 000 Kilometer legte der Missionar zu Fuß zurück.

Kleine Karte: Die Route der Wildwasserkanuten. Der gefährlichste Teil beginnt hinter den Victoriafällen und zieht sich über 120 Kilometer durch einen Irrgarten aus Stein.

lichen Motiven und dem Zeitgeist der jeweiligen Epoche. Zwei Geschichten an einem Schauplatz, dem „Highway Gottes“, wie Livingstone die Wasserstraße nannte, auf der er die Worte Gottes verkünden wollte.

Die Hölle des Zambezi

Das Geschrei von Affen reißt uns aus einem unruhigen Schlaf. Es ist Anfang September, und schon kurz nach Sonnenaufgang klettert das Thermometer auf über dreißig Grad im Schatten. Nur zu dieser Jahreszeit

Rechts: Die Victoriafälle. Ein Naturschauspiel, daß nicht nur Forscher wie Livingstone zutiefst beeindruckt hat, sondern auch später für Millionen von Besuchern den Höhepunkt einer Afrikareise darstellt.

Unten: Clemens Machilek bespricht mit Einheimischen die Route. Sein Motto: „Daß ich vorher nicht weiß, was passieren wird, macht mein Tun nicht sinnvoller, aber intensiver!“

Rechte Seite oben: Auf fast zwei Kilometer Breite stürzen pro Minute 550 Millionen Liter Wasser in den Abgrund, über dem sich jeden Morgen ein schillernder Regenbogen erhebt.

Rechte Seite unten: Noch keiner hat es vor ihnen gewagt – die Kanuten wollen sich 110 Meter tief bis in den Schlund der Victoriafälle abseilen.

ist eine Befahrung des Zambezi im Kajak möglich. Während der Regenzeit im April käme der Ritt über die Stromschnellen einem Selbstmordversuch gleich. Das Expeditionsteam versammelt sich vor den Zelten, nur wenige Kilometer vom Ufer des Zambezi entfernt. Garrick, unser ‚Multiman', der für organisatorische Aufgaben verantwortlich ist. Tapani, der Bootsführer, der das Kamerateam und mich im Schlauchboot durch die wilden Stromschnellen dirigieren wird. Und die beiden Kajakfahrer, Jonas und Clemens. Nach Expeditionen auf Flüssen in über fünfzig Ländern der Welt zählen sie zu den international erfahrensten Kanuten. Jonas, 29 Jahre alt, widmet sich, wenn er nicht gerade paddelt, seinem Ingenieurberuf. Clemens, vier Jahre jünger, machte dagegen sein Hobby zum Beruf und führt im österreichischen Haiming einen Kanuladen.

Letzte Vorbesprechungen vor dem Start ins Ungewisse. Immer wieder wird die Karte studiert, obwohl jeder die Route seit Wochen im Kopf hat. In sieben Tagen wollen sie 120 Kilometer auf dem Zambezi zurücklegen. Durch einsame Schluchten und gefährliches Wildwasser. Die Anspannung steht auch uns ins Gesicht geschrieben, denn wir werden die beiden auf der ganzen Strecke im Schlauchboot begleiten. Es ist die einzige Chan-

Unten: Ruhe vor dem Sturm. Oberhalb der Victoriafälle, auf dem ruhigen Teil des Zambezi, lassen sich die Reize der afrikanischen Natur genießen.

ce, da aus der unzugänglichen Schluchtenlandschaft bis auf wenige Ausnahmen nur ein Weg herausführt: über den Fluß. Monatelang haben sich Jonas und Clemens auf die Befahrung vorbereitet. Für sie ist die Höllenfahrt eine der größten Herausforderungen, die die Natur für den Menschen parat hat. Aber ein kalkulierbares Risiko. Mindestens hundertmal sind beide den Zambezi in Gedanken hinabgefahren, haben den Wasserlauf studiert, sich Strömungen und Strudel eingeprägt. Wer aus diesen Naturgewalten lebend herauskommen will, das wissen sie genau, braucht eine Menge Erfahrung, Können und natürlich auch Glück. Keiner darf sich einen Fehler erlauben. Die kleinste Unaufmerksamkeit könnte schlimmste Folgen haben.

Der Startpunkt liegt etwa zwanzig Kilometer oberhalb der Victoriafälle. Eine Tagesetappe auf dem Grenzfluß zwischen den Staaten Zimbabwe im Süden und Zambia auf der Nordseite. Der Zambezi ist der viertgrößte Strom Afrikas. Er hat eine

Schon aus dreißig Kilometer Entfernung lassen sich die Dunstsäulen der Fälle erkennen, die bis zu 500 Meter hoch in den Himmel ragen.

Gesamtlänge von 2736 km und ein Einzugsgebiet von 1,45 Millionen Quadratkilometern. Das Quellgebiet liegt im Nordwesten Zambias in 1200 Metern Höhe, bevor er sich nach Ost-Angola und später nach West-Zambia windet. In Zambia gab man ihm seinen Namen: „Zambezi – der Fluß, der sich spiralförmig windet". Bei Kazungula verlangsamt er seinen Lauf vorübergehend, erreicht Zimbabwe und bildet von da an die nördliche Grenze zu Zambia. Etwa 80 Kilometer flußabwärts erreicht der Zambezi jene Stelle, die nicht nur für Forschungsreisende wie Livingstone, sondern später für Millionen von Besuchern den Höhepunkt einer Reise nach Zimbabwe darstellt: die Victoriafälle. Fast genau auf der Hälfte der 2736 km stürzt der Fluß über einen atemberaubenden Abgrund 110 Meter in die Tiefe. Auf den nächsten 120 Kilometern folgt ein Irrgarten aus Basaltstein in neun Schluchten, die in Jahrmillionen durch die Erosionskraft entstanden sind. Im Osten von Zimbabwe erreicht er dann den 125 Meter hohen Kariba-Damm. Unterhalb des Stausees verläßt der Zambezi bei Kanyenba Zimbabwe und fließt durch Mozambik bis zur Mündung in den Indischen Ozean in Chinde.

David Livingstone auf dem Zambezi

„Die Eingeborenen nennen mich Flüssesucher und behaupten, ich hätte Wasser im Gehirn. Aber Handel, Zivilisation und Christentum können wir nur auf diesem Weg verbreiten. Nur so ist Afrika von der Sklaverei zu befreien."

Als David Livingstone 1841 nach Afrika aufbricht, ahnt er nicht, daß er sein halbes Leben hier verbringen wird. Das unwegsame Innere des südlichen Kontinents ist weitgehend unerforscht, und von den Häfen an der Küste werden noch immer Hunderttausende schwarzer Sklaven nach Amerika und Arabien verschifft. Im viktorianischen England ist man überzeugt, daß die Kolonisierung für die Eingeborenen von großem Nutzen sein wird. Die Zivilisation würde ihnen helfen, Rückständigkeit, Unwissenheit, Elend und Sklaverei zu überwinden. Daß Afrika eine eigenständige Kultur aufweist, übersieht man schlichtweg. Auch der arglose David Livingstone, der schon als Junge zu Hause in Schottland von Abenteuerreisen in unbekannte Länder träumt. In seiner Phantasie reist er als Forscher nach Afrika, der heldenhaft jede Herausforderung besteht. Er sieht sich als Kämpfer gegen die Unmenschlichkeit der Sklaverei. „Man muß dem Sklavenhandel ein Ende bereiten und ihn durch ehrlichen Handel ersetzen. Dies kann nur durch neue Handelsstraßen auf den Flüssen erreicht werden, die von der Küste zum Landesinnern führen." Doch auch Livingstones Phantasie reicht nicht, um sich vorzustellen, mit welchen Gefahren er als Missionar in Afrika zu kämpfen haben wird.

Livingstone muß seine Zambezi-Expedition an den Victoriafällen vorläufig abbrechen und sich am Ufer durch den Busch schlagen. Im Einbaum hätte er in den Stromschnellen keine Chance gehabt.

Mit 27 Jahren werden seine Träume Wirklichkeit. Eine Londoner Missionsgesellschaft schickt den Idealisten nach Afrika. Seine Reise wird zu einer harten Bewährungsprobe. Aber der Schotte läßt sich von nichts abschrecken. „Immer wieder überfällt mich das Malariafieber und schwächt mich. Die Aussicht, aus dieser Welt scheiden zu müssen, stand mir wie eine klare Tatsache vor Augen. Aber ich las die Worte Christi: ‚Mir ist gegeben alle Gewalt im Himmel und auf Erden'." Livingstone glaubt – wie so viele Europäer seiner Zeit – fest daran, daß die Zivilisation dem Leben der sogenannten Primitiven überlegen ist, daß die Menschen eines Besseren belehrt werden müssen, und sei es durch Zwang.

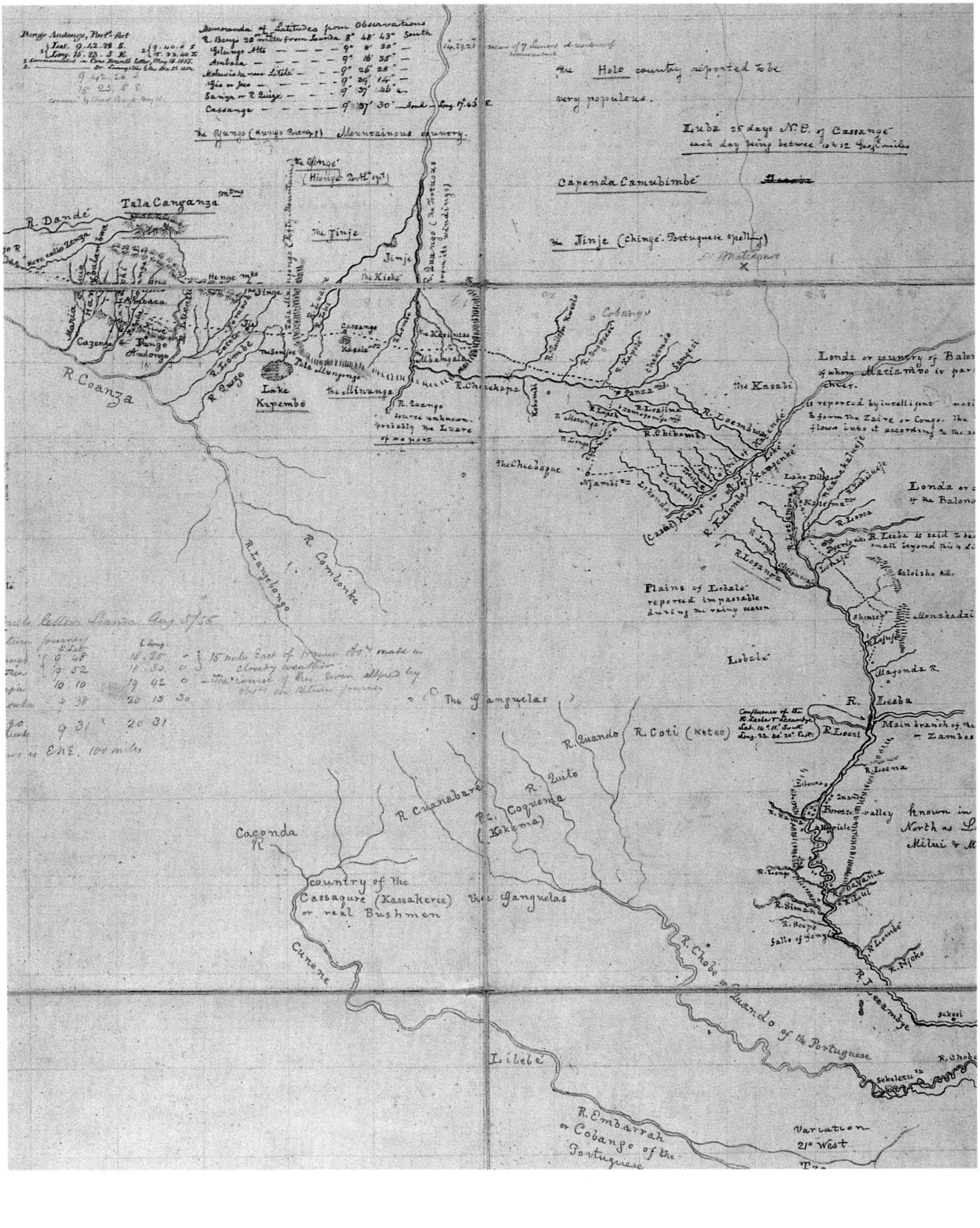
Memoranda of Latitudes from Observations
Cassange
the Holo country reported to be very populous.
Luba 25 days N.E. of Cassange each day being between 10 & 12 Geogl miles
Capenda Camubimbe
the Jinje (Chinge Portuguese spelling)
Tala Canganza
R. Dandé
the Jinje
Jinje
Ambaca
Cazengo
Pungo Andongo
R. Coanza
Lake Kipembo
the Minunge
Cassange
R. Chicapa
R. Quango source unknown. probably the Luare
the Kasabi
R. Loembwa
R. Chihombo
The Chiboque
Londa or country of Balo
Londa
Plains of Lobale reported impassable during the rainy season
Lobale
R. Combonke
Saloisho hills
Monakadzi
Majonda R.
R. Leeba
Main branch of the
or Zambes
R. Loeti
The Ganguelas
R. Quando
R. Coti (Kotee)
R. Loena
Barotse valley
known in North as
R. Cuanabare
R. Quito
R. Coquema (Kokoma)
Caconda R.
country of the Cassaqure (Kassakerie) the Ganguelas or real Bushmen
R. Simah
R. Lui
Falls of Gonye
R. Lombe
R. Njoko
Cunene
R. Chobe or Quando of the Portuguese
R. Leeambye
Libebe
Sekeletu's
R. Chobe
R. Embarrah or Cobango of the Portuguese
Variation 21° West

Im Juni 1852, elf Jahre nach seiner Ankunft in Afrika, tritt er jene große Reise an, die ihn berühmt machen sollte. Sein Ziel ist, den Lauf des Zambezi näher zu erforschen und zugleich einen geeigneten Handelsweg von der West- zur Ostküste zu finden. Von Linyanti aus zieht er am Zambezi aufwärts Richtung Westen. Die Breite des Flusses überzeugt ihn davon, sein Ziel erreichen zu können. Er überquert die Wasserscheide zwischen Zambezi und Kongo, wendet sich dann nach Nordwesten und erreicht zwei Jahre später nach unvorstellbaren Strapazen die portugiesische Niederlassung Loanda an der Atlantikküste. Trotz dieser Jahre qualvoller Mühen muß er eingestehen, daß sich die verfolgte Route für den Handel praktisch nicht nutzen läßt. Kurz entschlossen kehrt Livingstone nach Linyanti zurück und wendet sich nach Osten, um dem Zambezi abwärts bis zum Indischen Ozean zu folgen.

Linke Seite: Dank der detaillierten Aufzeichnungen Livingstones erfährt Europa erstmals vom Verlauf des Zambezi im südlichen Afrika.

Der Flußgott ist gnädig

Langsam gleiten wir dahin und genießen die Reize der afrikanischen Natur. Nur winzige Stromschnellen sind auf dieser ersten Etappe zu überwinden. Doch die Ruhe ist trügerisch. Jedes Jahr werden hier im Oberlauf

Unten: Die Zambezi-Schlucht ist in Jahrmillionen durch Erosionskraft entstanden. Der Fluß hat sich durch dicken Basalt in die Tiefe gegraben.

Boote von Flußpferden und Krokodilen angegriffen, die sich bedroht fühlen. Auf den ruhigen Flußabschnitten ist besondere Vorsicht geboten. Jonas und Clemens suchen die Wasseroberfläche mit konzentriertem Blick ab. Die Flußpferde halten sich meistens unter Wasser auf. Nur Teile ihrer Köpfe ragen unscheinbar hervor. Schon mancher hat ein Flußpferd mit einem Felsen verwechselt. Unter den kleinen Ohren verbergen sich jedoch gut drei Tonnen schwere Kolosse. Immer wieder schlagen die Kanuten mit dem Paddel gegen das Boot, um rechtzeitig schlafende Flußpferde zu wecken. Sie dösen unter Wasser und tauchen lediglich alle fünf Minuten zum Luftholen auf. Erst vor wenigen Wochen kam es am „Hippo-Pool" zu einem tragischen Unglück mit mehreren Todesopfern. Genau dort werden die Kanuten in etwa einer Stunde sein. Es ist der gefährlichste Flußabschnitt, in dem ein großes Rudel Flußpferde lebt.

Jonas und Clemens fahren exakt die gleiche Route, die auch David Livingstone mit seinen Begleitern im Einbaum nahm. Die unsichtbare Strömung nimmt langsam zu und zieht die Boote Richtung Wasserfälle. Am Horizont ist schon die Gischtwolke dieses Naturschauspiels zu erkennen. „Mosi oa tunya" sagen die Einheimischen, „Donnernder Rauch". Vorsichtig manövrieren wir unser Schlauchboot an Felsen vorbei, als der Motor plötzlich nur noch gurgelt, um im nächsten Moment ganz auszufallen. Vergeblich versucht Tapani, ihn wieder in Gang zu bringen. „Beeilt euch", schreit Jonas, der etwa zwanzig Meter vor uns paddelt, „der Hippo-Pool kann nicht mehr weit sein." Noch ist nichts zu sehen. Wir greifen zum Paddel und versuchen mit aller Kraft, das Boot Richtung Ufer zu steuern. Vergeblich. Die Strömung so kurz vor den Fällen ist zu stark und das Boot zu schwerfällig. Etwa hundert Meter entfernt entdecke ich auf einer kleinen Insel mitten auf dem Fluß das Hippo-Rudel. Clemens und

Immer wieder werden Livingstone und seine Begleiter von aggressiven Flußpferden angegriffen. Wie durch ein Wunder überlebt der Missionar alle Attacken.

Links: Abenteuerhungrige Touristen können die Kraft der wilden Stromschnellen hautnah im Schlauchboot erleben.

Jonas haben sich in Ufernähe vorbeigeschlichen. In den kleinen Kajaks können sie in gefährlichen Situationen sehr viel schneller reagieren. Plötzlich tauchen sie direkt vor uns auf. Die verräterisch harmlos dreinschauenden Kolosse treiben langsam auf das kipplige Schlauchboot zu. Vielleicht noch zehn Meter, sieben Meter, vier Meter, zwei Meter. Ein befreiendes Aufheulen! Der Motor läuft! Im letzten Moment drehen wir ab Richtung rettendes Ufer.

Heute war uns Nyaminyami, der Flußgott des Zambezi, noch einmal gnädig. Jonas und Clemens tragen sein Symbol als Talisman um den Hals. Die Tonga, die an den Ufern des Zambezi leben, glauben noch immer, daß Nyaminyami Hürden auf dem Fluß errichtet hat, um sein Revier zu verteidigen. Spätestens seit dem Bau des Kariba-Staudamms 160 Kilometer flußabwärts sind sie sicher, daß ihr Gott über den mächtigen Strom wacht. Zweimal wurde der Damm durch Hochwasser zerstört. Die Tonga sind überzeugt, Nyaminyami, der den Kopf eines Krokodils und den Körper einer Schlange hat, habe zornerfüllt das Menschenwerk zerstört, um sein Weibchen zu finden, das im Unterlauf lebt.

Immer näher kommt die riesige Dunstwolke der Wassermassen der Victoriafälle. Auf fast zwei Kilometer Breite stürzen 550 Millionen Liter Wasser in der Minute in den Abgrund. Ein Weltwunder der Natur, doppelt so hoch und doppelt so breit wie die Niagarafälle. Wir wollen bis unmittelbar an die Abbruchkante fahren. Das ist jener Weg, den auch Livingstone einschlug, um sich auf der heute nach ihm benannten winzigen Insel über die Kante zu lehnen und die Höhe der Fälle zu vermessen. Ein waghalsiges Unterfangen, damals und heute. 110 Meter wollen sich die Kanuten an der senkrechten Felswand mit der Ausrüstung in den brodelnden Kessel der Fälle hinabseilen. Niemand vor ihnen hat es gewagt, niemand weiß, ob die Wand steinschlaggefährdet ist, niemand kann ihnen helfen, wenn etwas schiefgeht. Eine Befahrung der Zambezi-Schlucht, sagen sie, muß direkt im *boiling pot* beginnen, dem „kochenden

Unten: Dreharbeiten mitten in den Stromschnellen sind oft ähnlich gefährlich wie der wilde Ritt im Kajak.

Kessel", in dem die gesamten Wassermassen der Fälle in der nur sechzig Meter breiten Schlucht tosend und donnernd hinunterstürzen. „Es ist eine Auseinandersetzung mit meinem Ich", versucht Clemens seine Motive zu erläutern. „Die Angst vor der Ungewißheit, was mich erwartet, ist natürlich immer dabei. Aber in der Auseinandersetzung mit elementarer Natur habe ich das Gefühl, wirklich zu leben." Und Jonas ergänzt: „Es ist der Wunsch, dem Alltag zu entfliehen, in dem wir keine extremen Herausforderungen mehr erleben." Das Einrichten der Abseilstelle dauert Stunden. Dann ist es soweit. Clemens wagt sich als erster in den Schlund der Fälle.

Donnernder Rauch

17. November 1855. David Livingstone fährt im Einbaum den Zambezi flußabwärts. An die Schiffbarkeit glaubt er noch immer. Mit Hindernissen rechnet der Missionar auf „Gottes Highway" nicht. Plötzlich macht er eine sensationelle Entdeckung. „Ich sah Rauchsäulen am Himmel, als wenn Gras angebrannt wird. Eine wunderbare Szenerie. Noch kein Europäer kann dieses Schauspiel je zuvor gesehen haben." Livingstone ahnt, daß er auf ein unüberwindbares Hindernis zusteuert. Ist sein Traum vom großen Handelsweg schon hier gestorben? „Fünf Dampfsäulen, die sich mindestens hundert Meter hoch erheben, um sich mit den Wolken zu vermischen", notiert er in sein Tagebuch. Am Rand des Abgrunds blickt er tief beeindruckt und voller Ehrfurcht in die Tiefe. Links und rechts von ihm schießen die Wassermassen hinunter. „So eine wunderbare Szenerie muß selbst Engel zum Staunen bringen. Meine Vermessung mit dem Lot läßt auf über einhundert Meter Tiefe schließen. Es ist das schönste Schauspiel, daß sich mir in Afrika je geboten hat." Ehrfürchtig knien seine Begleiter beim Anblick des doppelten Regenbogens nieder und beten zu Nyaminyami. Dieser Regenbogen erhebt sich jeden Morgen im Sprühregen und ist den ganzen Tag über zu sehen. „Das Farbenspiel mag sie auf den Gedanken gebracht haben, daß dies die Wohnung der Götter sei. Sie nennen den Regenbogen ‚Motse oa barima', das heißt ‚Götterstab'."

Livingstone schickt die spektakuläre Kunde vom Wunder der Wasserfälle sofort nach England, wo Nachrichten aus unbekannten Ländern zu dieser Zeit der Entdeckungsreisen mit Begeisterung aufgenommen werden. Doch während die Regierung an die Vergrößerung des Empires denkt, verfolgt der Missionar das Ziel, das Evangelium auszubreiten, um so den Sklavenhandel zu beenden. Hätten seine Begleiter geahnt, welche Folgen Livingstones Entdeckungen für die Schwarzen haben würden, wären sie ihm kaum so viele Jahre treu geblieben. An den Victoriafällen, der berühmtesten Entdeckung des Afrikaforschers, hat seine Erkundung des Zambezi ein vorläufiges Ende. Die nächsten Wochen muß er sich am

Rechte Seite: „Boiling pot", die erste große Herausforderung direkt unterhalb der Victoriafälle. Urwüchsige Kräfte spülen die Kanuten nach unten.

feuchtheißen Flußufer durch den Busch schlagen. Körperlich wird er immer schwächer. Wird er die Ostküste je erreichen? Lassen sich am Zambezi wirklich Missionsstationen errichten? Oder wird es ihm gehen wie so manchem Weißen vor ihm, der loszog und nie zurückkehrte?

Abseilen ins Ungewisse

Nichts ist außer dem donnernden Getöse der links und rechts von den Kanuten hinabstürzenden Wassermassen zu hören. Ein schmaler, nicht überspülter Felsstreifen bietet die einzige Chance, sich durch die dichte Nebelwand in die Schlucht abzuseilen. Schon ein falscher Handgriff kann tödliche Folgen haben. Clemens hat sich am Seil gesichert. Blaß und durchnäßt ein letzter Blick auf Jonas, dann verschwindet er in die Tiefe. Bange Minuten vergehen. Nur das straff gespannte Seil mit dem sich ständig verändernden leichten Zug läßt ahnen, das alles gutzugehen scheint. Keiner weiß, ob das Seil den Boden erreicht hat oder sich vielleicht auf halber Strecke im Felsen verfangen und verknotet hat. Dann wird es für Clemens lebensgefährlich. Jonas versucht Garrick über Funk unten im *boiling pot* zu erreichen. Zur Sicherheit ist Garrick fünfhundert Meter unterhalb der Victoriafälle auf einem steilen Pfad in die Schlucht hinuntergeklettert, um sich von dort bis in die Nähe des *boiling pot* zu hangeln. Seine krächzende Stimme wird vom Rauschen fast übertönt. „Wo ist die Abseilstelle? Ich habe völlig die Orientierung verloren. Es ist nichts zu sehen hier unten!“ Jonas versucht ihn über Funk in die richtige Richtung zu dirigieren. Ein fast sinnloses Unterfangen, da der Blick durch die Gischt versperrt ist. Wieder vergehen scheinbar endlose Minuten. Dann die nächste Information von unten: „Ich kann nicht mehr weiter. Es ist zu gefährlich. Die Sichtweite beträgt höchstens drei Meter. Ich komme mir vor wie im Rachen eines Dinosauriers. Wie wollt ihr hier nur mit den Kajaks einsetzen?“ Jonas, der oben an der Kante wartet, wirft mir einen kurzen, aber vielsagenden Blick zu. Ängstlich und doch entschlossen. Ich bin froh, daß wir in dem ohrenbetäubenden Lärm nicht miteinander reden können. Jedes Wort wäre überflüssig. Wieder Garricks Stimme über Funk: „Er ist da! Clemens ist unten! Genau vor mir. Er sieht ziemlich fertig aus!“ Sekunden später meldet sich Clemens: „Es ist die Hölle. Versuch dich möglichst links zu halten. Weiter rechts sind die Steine nur knapp an meinem Kopf vorbeigerauscht. Mach möglichst keine Pause zwischendurch. Je schneller du unten bist, desto sicherer ist es. Good luck!“

Die größte Gefahr scheint gebannt. Jonas läßt mit sicheren Handgriffen die beiden Kajaks hinunter und hängt dann selbst im Seil. Plötzlich geht alles ganz schnell. Nur kurze Zeit später stehen beide Kanuten mit ihren Booten mitten im tosenden Kessel der Victoriafälle. Was dann passiert, erfahren wir später aus ihren Tagebüchern. Jonas notiert: „Wir starren uns gegenseitig an und wissen, daß hier unsere Grenze liegt. Entweder der Fluß spuckt uns lebendig aus, oder wir bleiben für immer da. Der Gischtregen prasselt unbarmherzig auf uns nieder. Auf allen vieren krabbeln wir mit den Booten über feuchten, glitschigen Fels, um einen Punkt zu finden, wo wir mit den Booten einsetzen können. Eine verrückte Mischung aus Wut und Stolz überkommt mich. Wut über die harte Knochenarbeit, und Stolz, weil ich an einer Stelle stehe, wo vor mir noch niemand war. Hier unten lauern einige der gefährlichsten Stromschnellen der Welt. Aber ich muß jetzt durch. Es ist der einzige Weg aus dem Canyon. Dieser durchnäßte Teppich aus Moosen und Flechten läßt mich immer wieder ausrutschen. Faulgeruch steigt in die Nase. Tote Fische liegen von der Wasserwucht zerschlagen in den Felsritzen. Mühsam taste ich mich vorwärts. Der Glibber quillt zentimeterdick zwischen den Fingern hervor, und ein kräftiger Fallwind peitscht die Gischt ins Gesicht. Für fünfzig Meter brauchen wir über zwei Stunden, und das Schwierigste steht noch bevor."

Bei Clemens liest sich der weitere Verlauf nicht weniger spannend: „Livingstone wäre hier im Einbaum schon nach wenigen Metern ertrunken. Wenn ich den Ritt über diese reißenden Fluten überleben will, muß ich alle Instinkte aktivieren, die im Alltag brachliegen. Bewußtes Handeln ist kaum mehr möglich. Kein Agieren, sondern nur noch Reagieren. In diesem Irrgarten ist das Wichtigste, ein Gefühl für den Lauf, für die Kraft des Wassers und die unsichtbaren Strömungen zu bekommen. Ich entdecke gefährliche ‚Löcher' direkt hinter einigen Stromschnellen, die zur tödlichen Falle werden können. Schaffe ich es nicht, das Boot irgendwie daran vorbeizusteuern, werde ich nach unten gerissen und komme nicht mehr raus, weil mich der Strudel nicht losläßt. Immer wieder sage ich mir, daß es nicht darum geht, diese Naturgewalten zu bezwingen, sondern ein Teil von ihnen zu werden. Warum? Vielleicht, um eine Art verlorenes Paradies wiederzufinden. Ich konzentriere mich ein letztes Mal. Dann lassen wir die Boote ins Wasser und verständigen uns nur noch mit Handzeichen. Ich schreie mir die Angst aus dem Leib, und plötzlich bin ich in

Die Stromschnellen am Fuß der Victoriafälle gelten in der Fachwelt als unbefahrbar. Wer das Risiko trotzdem eingeht, muß mit allem rechnen. Die Natur stellt unausweichliche Bedingungen.

der Gewalt des Flusses. Der Zambezi macht mit mir, was er will. Urwüchsige Kräfte spülen mich nach unten. Meine einzige Chance ist, mit dem Paddel irgendwie das Gleichgewicht zu halten. Es tobt und brodelt, Wassermassen überspülen mich. Ich bekomme keine Luft mehr. Völliger Orientierungsverlust. Ich kann das Boot nicht mehr geradehalten, hänge plötzlich mit dem Kopf unter Wasser, schlage mit dem Helm an einen Felsen. Endlose Augenblicke. Nur nicht aussteigen müssen. Eine Kenterung wäre das Ende. Mit letzter Kraft kann ich der Falle entfliehen. Wie auf einem brodelnden Waschbrett geht es weiter. Dann wird es plötzlich ruhig. Ich weiß nicht, wie lange ich gekämpft habe und wo ich bin. Erst jetzt merke ich, daß Jonas unmittelbar vor mir ist. Wir sind durch!"

Der Löwe greift an

An der Abbruchkante der Victoriafälle hat der große Afrikaforscher David Livingstone einen Ehrenplatz erhalten. Sein Denkmal steht an einem der schönsten Aussichtspunkte und wird täglich von Besuchern aus aller Welt bestaunt. Während die Touristen des 20. Jahrhunderts die wahren Gefahren der afrikanischen Wildnis meist nur aus Erzählungen kennen, hat Livingstone auf seiner Zambezi-Expedition fast täglich mit ihnen zu kämpfen. Unzählige Male wird sein Einbaum von Flußpferden zum Kentern gebracht. Von seinen Begleitern erfährt er, daß ein Löwenrudel die naheliegenden Dörfer seit Monaten in Angst und Schrecken versetzt. „Die Überfälle waren so grausam, daß die Eingeborenen schließlich meinten, ein benachbarter Stamm habe ihnen die Löwen angehext. Diesen Aberglauben wollte ich sofort im Keim ersticken und rüstete mit den

Bei einem Löwenangriff wird Livingstone schwer verletzt. Er muß sich monatelang von seinen einheimischen Freunden pflegen lassen, ehe er die Zambezi-Expedition fortsetzen kann.

mutigsten Kriegern zur Löwenjagd." Noch am selben Tag wird das Rudel gesichtet. „Ich bemerkte nur dreißig Meter von mir entfernt einen Löwen, der sich im Busch versteckt hielt, und feuerte zwei Schüsse ab. Als ich das Gewehr wieder laden wollte, fiel mich der Löwe plötzlich an und packte meinen Arm. Er knurrte und schüttelte mich hin und her. Ich war gelähmt vor Schreck und Schmerzen. Erst nach Minuten ließ er von mir ab, geschwächt von den beiden Kugeln, die ich vorher auf ihn gefeuert hatte."

Livingstone wird schwer verletzt. Monatelange Schmerzen machen ein Vorwärtskommen unmöglich. Dazu kommen Malariaanfälle, die ihn völlig entkräften. Seine Begleiter wollen aufgeben. Einige sind von der tödlichen Schlafkrankheit befallen. Den Ritualen der Einheimischen steht Livingstone bislang kritisch gegenüber. Weder Regenmacher noch Medizinmänner können ihn überzeugen. Doch nun wird er selbst behandelt. Man reicht ihm eine Schlangenhirnmischung. Wird er bis zur Ostküste vorstoßen können?

Unermüdlich predigt er weiter. Forscher, Entdecker, Missionar - dieser Visionär ist alles in einer Person. „Man darf sich unter einem Missionar nicht nur einen Mann mit Bibel vorstellen. Der ehrliche Handel muß besonders gefördert werden. Nur so können wir dem Sklavenhandel ein Ende bereiten." Ein unbezähmbarer Wille läßt ihn, wenn auch mit großen Schmerzen, seine humanitäre Mission weiter verfolgen und von Dorf zu Dorf ziehen. Geprägt von kolonialem Zeitgeist, aber auch von starken Gefühlen für die afrikanischen Völker, die er den Weißen bei weitem vorzieht. Im ganzen Land sprechen sich die guten Taten des Fremden herum. Die Sklavenhändler werden für Livingstones Mission gefährliche Feinde. Überall sieht er das Land von furchtbaren Sklavenkriegen verwüstet, die Menschen entweder erschlagen oder so verschüchtert, daß sie sich versteckt halten oder nicht wagen, ihren Boden zu bestellen.

„Wir hatten nie eine Vorstellung von der gräßlichen Natur des Handels, bis wir ihn an der Quelle sahen. Tausende kommen in mörderischen Kriegen um, die sie, um Sklaven zu machen, mit ihren eigenen Stammesgenossen und Nachbarn führen, die sie aus Gewinnsucht erschlagen, angestachelt von den Sklavenkäufern. Man muß Afrika aus dem Zustand dieser Barbarei herausführen. Erst die Zivilisation wird den Schwarzen ein besseres Schicksal bescheren." Die englische Regierung hat die Sklaverei schon 1807 verboten. Während Livingstones Forschungsreisen fünfzig Jahre später breitet sich der Sklavenhandel in Afrika aber noch immer wie ein Krebsgeschwür aus. Es geht natürlich nicht nur um die Gewinnsucht der Schwarzen. Forscher und Missionare sind auch, ohne es zu wissen, Wegbereiter für die Gewinnsucht der europäischen Handelsmächte. Auch ahnt Livingstone nicht, daß die angeblichen Segnungen der Zivilisation gleichzeitig die traditionellen Lebensformen der Völker Afrikas zerstören helfen. Unermüdlich verfolgt er seinen Weg.

Kraftprobe in der Schlucht

Jonas und Clemens stehen auf der „Todesbrücke", die Zimbabwe mit Zambia an der engsten Stelle der Schlucht verbindet, und studieren den Lauf des Wassers. Die Eisenbahnbrücke ist das einzige, was die grandiose Szenerie der Victoriafälle stört. Für die transafrikanische Bahnlinie, die Kapstadt mit Kairo verbinden sollte, wurde die Brücke 1905 über den Zambezi gespannt. Damals hieß Zimbabwe noch Südrhodesien und war eine Perle des britischen Empire. Über fünfzig Menschen sollen von hier schon freiwillig in den Tod gesprungen sein.

Die zweite Etappe im *boiling pot* haben die Kanuten unbeschadet überstanden. Auf den nächsten hundert Kilometern folgt jene unzugängliche Schluchtenlandschaft, durch die sich der Zambezi wie eine Schlange windet. Immer wieder „lesen" sie das Wasser, studieren jede Welle, ziehen Rückschlüsse auf mögliche Felsen unter Wasser, stellen sich die Ideallinie vor dem geistigen Auge vor. Fahrbar oder lebensgefährlich? Durch die Batoka-Schlucht soll es über berühmte Stromschnellen, denen man in der Fachwelt Namen wie „Selbstmord" gegeben hat, bis zu den Moembafällen gehen, dem Punkt, von dem aus Livingstone seine Flußfahrt Richtung Ostküste wieder aufgenommen hat.

Blitzschnelles Umwandeln von Sinneseindrücken in Bewegungsabläufe und instinktives Handeln sind notwendig, will man die Befahrung solcher Stromschnellen im Kajak überleben.

Letzte Besprechung in der Abendsonne. Jede noch so kleine Information über die Strecke kann lebenswichtig sein. Wer den Höllentrip auf dem „Highway Gottes" wagt, erfahren wir von Tapani, muß den vielen Toten, die auf dem Zambezi ihr Leben gelassen haben, die Ehre erweisen und um ihr Wohlwollen bitten. Denn in diesem Fluß, so glauben die Einheimischen, ruht der Geist jener Menschen, die in die Tiefe gerissen wurden und deren Seele ständig auf der Suche nach Trost umherwandert. Das Leben der Menschen an den Ufern des Zambezi ist noch heute von uralten Ritualen geprägt. Ahnengeister begleiten den Alltag auf Schritt und Tritt. Sie erscheinen im Traum, sie schicken Regen, Krankheit und Tod auf die Erde. Oft nehmen sie die Gestalt schlangenähnlicher Tiere an. So merkwürdig für die Menschen hier vor fast 150 Jahren das plötzliche Auftauchen Livingstones gewesen sein muß, so seltsam erscheint ihnen das Vorhaben der Kanuten. Warum muß Nyaminyami aufs neue herausgefordert werden?

Die Geschichten vom gottgesandten Sklavenbefreier David Livingstone werden noch immer gerne erzählt. Gespannt lauschen wir den Ausführungen Tapanis. Dann bricht die afrikanische Nacht schnell und unvermittelt herein. Erschöpft verkriechen wir uns in die Schlafsäcke. Erst am nächsten Morgen erfahren wir, daß Hyänen unser Camp durchstöbert

Im Grenzbereich zwischen Umkommen und Durchkommen. Auslese der Unerschrockenen oder Angstverdränger? Eine Chance hat nur, wer Mut und Angst im Gleichgewicht hält.

haben. Doch es bleibt keine Zeit, sich darüber Gedanken zu machen. Kurz nach Sonnenaufgang ist es soweit. Mehrere Stromschnellen mit dem höchsten Schwierigkeitsgrad „sechs“ sind heute zu überwinden. „Fünf“ gilt in der Fachwelt als gerade noch befahrbar, „sechs“ als unbefahrbar. Wie kleine Spielbälle verschwinden Jonas und Clemens in den reißenden Fluten des Zambezi. Schon in den ersten Flußschleifen lauern gefährliche Rapids. Was für den Laien spielerisch leicht aussieht, erfordert perfektes Gleichgewichtsgefühl und Reaktionsvermögen, den Blick für die richtige Linie und jahrelange Erfahrung. Die Mischung aus Angst vor dem Ertrinken, der körperlichen Anstrengung und dem Bewußtsein, auf sich alleine gestellt zu sein, sagt Jonas, übe einen ungeheuren Reiz auf ihn aus. Trotzdem würde er sich nie blind hineinstürzen. Er könne in aller Regel erkennen, ob eine Stelle befahrbar ist oder nicht.

Das immer lauter werdende Getöse kündigt die erste Herausforderung an. Vierhundert Kubikmeter Wasser pro Sekunde durchfließen zu dieser Jahreszeit die Schluchten. Die düstere Wasseroberfläche, die von spiralförmig drehenden Strudeln durchsetzt ist, scheint zu kochen. Diese Stromschnelle ist in der Fachwelt berüchtigt. Ihr Name: „Treppe zur Hölle“. Das Flußbett verengt sich trichterförmig zu einem engen Felskanal, in dem sich der Zambezi regelrecht aufbäumt. Wer sich hier nicht über Wasser halten kann und aussteigen muß, wird von den Wassermassen für immer in die Tiefe gezogen.

Am Ufer starren Clemens und Jonas angespannt in die Fluten, die immer wilder erscheinen. Dann paddelt Jonas mit kräftigen, gleichmäßigen Schlägen der Sturzfahrt entgegen. Plötzlich ist er mittendrin. Alles, was er an Technik gelernt hat, scheint überflüssig zu werden. Immer wieder verschwindet er, scheint hilflos ausgeliefert. Urwüchsige Kräfte spülen das winzige Kajak flußabwärts, nur knapp an bedrohlichen Felsnasen vorbei. Und dann der befreiende Blick zurück, flußaufwärts. Es ist geschafft. Eine halbe Stunde vergeht, dann hat Clemens den Entschluß gefaßt. Die Route ist durch den Wasserlauf exakt vorgegeben und läßt keinerlei Spielraum. Wenn er sie nicht halten kann, wird er an die Felsen geschleudert. Wie in Trance setzt er sich in sein Kajak. Jonas steht zur Sicherheit mit dem Wurfsack in der Hand am Ufer. Mit schnellen Schlägen sprintet Clemens auf eine kräuselnde Welle zu. Das Kajak schießt über die Kante, dreht sich, wird von Wellen überspült, bäumt sich auf und stürzt in eine rechtwinklige Biegung, an deren Fels der Fluß mit aller Kraft zu fressen scheint. Clemens wird in ein riesiges Loch mit gewalti-

Nach der Kenterung von Clemens kann sein Kajak erst einen Kilometer flußabwärts geborgen werden. Der Flußgott war noch einmal gnädig.

gem Rücksog gespült, der das Kajak wie eine Turbine kreisen läßt. Nur knapp neben der Ideallinie zieht ihn ein Sog nach unten. Verzweifelt versucht er, das Boot wieder hochzudrehen. Vergeblich. Dann passiert, was Kanuten immer zu vermeiden versuchen, weil es lebensgefährlich ist: Er verliert die Kontrolle und muß unter Wasser aussteigen. Jonas wirft das Rettungsseil. Irgendwie bekommt es Clemens zu fassen, obwohl nichts von ihm zu sehen ist. Das ist die Rettung. Sein Kajak können sie erst Stunden später bergen, einen Kilometer flußabwärts.

Ehre, Ruhm und Rastlosigkeit

Hinter den Stromschnellen, im unteren, ruhigen Teil des Zambezi setzt der Forscher Livingstone seine Reise flußabwärts im Einbaum fort. Seit drei Jahren ist er nun schon unterwegs, erträgt größte Qualen und verliert sogar seine Frau Mary, die in den Sümpfen des Zambezi an Gelbfieber stirbt. Noch immer liegen 1200 Kilometer bis zur Ostküste vor ihm, was er jedoch nicht weiß. Welch ein Kontrast zu dem kurzen Abenteuer der Kanuten. Jeden Abend errichten seine Begleiter vom Stamm der Makololo ein Lager mit Schutzdächern und Hecken, die den unliebsamen Besuch wilder Tiere abhalten sollen. In den Dörfern, die von der Karawane passiert werden, behandelt der unermüdliche Schotte die Kranken und festigt seinen Ruf als wundertätiger ‚Zauberer'. Ende März 1856 ist das Ende der Expedition abzusehen. Die Kolonne trifft erschöpft und in schlechtem Gesundheitszustand in Tete ein, der ersten großen portugiesischen Niederlassung. Livingstone ist nur noch ein Schatten seiner selbst und muß sich auf einer Bahre tragen lassen. Zwei Monate später, am 20. Mai 1856, erreicht er Quelimane am Indischen Ozean. Afrika ist erstmals von der West- zur Ostküste durchquert worden.

In England schlägt ihm eine Welle der Begeisterung entgegen. Livingstone wird als Nationalheld gefeiert. Er gilt als der Entdecker einer neuen Welt, deren Erschließung ungeahnte Möglichkeiten bietet. Die Universität Glasgow verleiht ihm die Ehrendoktorwürde, die Royal Geographic Society eine Goldmedaille, und die Regierung ernennt ihn zum Konsul für die Zambezi-Region. Er wird beauftragt, am Zambezi, den er noch immer für schiffbar hält, „... das Klima, die Bodenerzeugnisse, die örtlichen Krankheiten sowie die Beziehungen der Eingeborenen zur übrigen Welt zu studieren und sich dabei von jenem besonderen Interesse leiten zu lassen, das ein Europäer unweigerlich für die Zukunft eines Kontinents empfinden muß, der eben erst ins Licht der Geschichte getreten ist".

Dreimal wird der Forscher in den Folgejahren zum „Highway Gottes" zurückkehren, bevor er endgültig den Traum von der Handelsstraße begräbt. Außer den Victoriafällen gibt es noch weitere, kleinere Wasserfälle neben der unbezwingbaren Zambezi-Schlucht, die einen „Durchgangsverkehr" unmöglich machen. Und das Mündungsgebiet ist versumpft und fieberverseucht. Der Erfolg bleibt ihm versagt. Um so begieriger nimmt er ein neues Ziel in Angriff und konzentriert sich nun auf die Suche nach den Quellen des Nils. In einem Alter, in dem sich andere Forscher längst zur Ruhe setzen.

Auf der „Straße der Krokodile"

„Wir sind keine kopflosen Gefahrensucher oder haben Todessehnsucht. Im Gegenteil. In der Auseinandersetzung mit so einer ungebändigten Natur spürt man erst, wie man am Leben hängt", erklärt Jonas auf meine manchmal provozierenden, auf jeden Fall nicht enden wollenden Fragen nach seinen Motiven. Immer wieder drehen sich die Diskussionen um das, was die beiden Abenteurer antreibt. „Natürlich gibt es auch andere Kanuten, die diese Schwierigkeiten bewältigen könnten, sich aber solchen extremen Herausforderungen nicht stellen", betont Clemens. „Was uns unterscheidet, ist der Mut zum Risiko und die Lust, die eigenen Grenzen kennenzulernen."

Dreiviertel der Strecke liegen hinter ihnen. Gewaltige Stufen wechseln mit ruhigen Passagen. Langsam gleiten sie mit wachem Blick über die sanfte Wasseroberfläche. Am Ufer ragen bis zu zweihundert Meter hohe Felswände in den Himmel. Die „Straße der Krokodile" ist erreicht. Mitten in der Batoka-Schlucht, dem einsamsten Teil der Expedition, weit entfernt von jeglicher Zivilisation. Alpträume, in denen gefräßige Krokodile angriffen, plagten sie schon vor der Reise. Auf afrikanischen Flüssen sind jene unberechenbaren Reptilien Gefahr Nummer eins. Immer wieder fallen dem hier lebenden Nilkrokodil Fischer zum Opfer. Sie fressen, was sie

Das scheinbar unbeteiligt dösende Krokodil kann blitzartig vorschnellen. Wenn das Tier sein Opfer packt, entwickelt es einen Kieferdruck von 22 Tonnen.

kriegen können, kauen nicht, sondern zerreißen ihre Beute. Fünf Meter Länge sind nichts Ungewöhnliches. Sie bevorzugen langsam fließende Gewässer. Am liebsten dösen sie scheinbar träge mit aufgesperrtem Rachen am Ufer. Doch wenn ein Krokodil plötzlich ins Wasser gleitet, um in der Dunkelheit des Flusses unterzutauchen, ist größte Vorsicht geboten. Es schwimmt schneller, als Kanuten paddeln können.

Jonas und Clemens halten die Hände beim Paddeln so hoch wie möglich. Zwei Stunden sind sie an diesem Morgen auf dem Wasser und haben nicht weniger als zehn Krokodile am Ufer ausgemacht. Manchmal erkennt man sie erst im letzten Moment. Erbarmungslos brennt die Sonne in die Schlucht. Plötzlich schießt ein faltiges Maul fünf Meter vor mir aus der Tiefe hervor. Zielsicher schwimmt das Krokodil in rasender Geschwindigkeit von hinten auf Clemens zu, der es nicht sehen kann. Ich schreie. Geistesgegenwärtig dreht sich Clemens um, schlägt dem Angreifer mit dem Paddel auf das aufgerissene Maul, bis er untertaucht. Sekunden später taucht er auf der anderen Seite auf. Der zweite Schlag trifft besser. Das Krokodil dreht ab und verschwindet. Clemens steht der Schock ins Gesicht geschrieben. Die Risiken der wilden Stromschnellen sind für Kanuten leichter einzuschätzen als die Reaktionen fleischfressender Panzerechsen.

Nach der nächsten Flußbiegung wartet eine willkommene Abwechslung. Vier Einheimische, die im Schlauchboot unterwegs sind, machen am Ufer Rast. Der erste Kontakt seit Tagen. Auch sie sind schon länger auf dem Fluß, wollen testen, ob sich in der Batoka-Schlucht Schlauchbootsafaris für Touristen anbieten. Schnell ist der Entschluß gefaßt, den Rest des Tages gemeinsam durch die Schlucht zu fahren. Doch im nächsten Moment werden alle weiteren Pläne über den Haufen geworfen. Ein

Immer wieder fallen einheimische Fischer den Krokodilen zum Opfer. Auch riesige Schlauchboote wurden schon angegriffen und mit einem einzigen Biß zerfetzt.

Schrei von Jonas läßt alle aufschrecken. Mit schmerzverzerrtem Gesicht liegt er am Boden. Auf dem Weg zum Kajak ist Jonas an einer glitschigen Felskante ausgerutscht und in einem Loch hängengeblieben. Knöchelbruch und Bänderriß, diagnostiziert er zielsicher. Eine Weiterfahrt im Kajak ist undenkbar. Ungläubig stehen wir um ihn herum, versorgen ihn und versuchen, ihn zu trösten. Wie soll es weitergehen? Wie können wir den Verletzten transportieren? Kann Clemens den Rest der Strecke alleine bewältigen?

Wir müssen einen Hubschrauber anfordern, um Jonas so schnell wie möglich ins Krankenhaus zu bringen. Tapani versucht zu funken. Vergeblich, hier unten in der Schlucht. Die einzige Chance ist, bis an den Rand der Schlucht zweihundert Meter weiter oben zu klettern, um von dort Funkkontakt herzustellen. Besorgte Blicke. Jeder weiß, was das bedeutet. Ein Gewaltmarsch durch Minenfelder. Das Ufer des Zambezi ist seit den Bürgerkriegskämpfen um die Vorherrschaft in der ehemaligen britischen Kolonie Rhodesien noch immer nicht von Minen geräumt. Ende der siebziger Jahre wurde die Grenze zwischen Zambia und Rhodesien geschlossen. Die schwarzen Rebellen begannen mit Unterstützung der zambischen Regierung ihre Angriffe auf das weiße Regime Rhodesiens. Daraufhin verminten die Rhodesian Security Forces die Ufer des Zambezi. In touristischen Gebieten wie der Region rund um die Victoriafälle wurden Räumkommandos eingesetzt. Es gab aber keinerlei Bemühungen, die Minen in abgelegenen Gebieten wie der Batoka-Schlucht zu entschärfen. Die Angaben über die Lage der Minenfelder sind verschwommen. Keiner weiß Genaues. Die unmittelbaren Uferstreifen am Fluß gelten als minenfrei. Das Hochwasser soll sie weggespült haben. Die Schluchtränder stellen dagegen eine große Gefahr dar.

Wortlos greift Garrick zum Sprechfunkgerät und macht sich auf den Weg. Wenn alles gutgeht, müßte er in einer Stunde zurück sein. Währenddessen kümmern wir uns um Jonas, diskutieren verschiedene Varianten, wie es weitergehen könnte. Wenn wirklich ein Hubschrauber kommt, wird lediglich für den Verletzten Platz sein. Es bleibt nichts anderes übrig, als die Expedition wie geplant fortzusetzen. Clemens ist beruhigt zu hören, daß uns die vier Einheimischen bis zu den Moembafällen begleiten wollen. Wenn nichts dazwischenkommt, könnte das Ziel morgen abend erreicht sein. Doch ist auf die Begleiter Verlaß? Immerhin liegen noch drei gefährliche Stromschnellen vor uns. Jonas liegt reglos auf den Felsen und starrt enttäuscht in den Himmel. Alles in ihm wehrt sich dagegen, jetzt aufzugeben, so kurz vor dem Ziel. Clemens versucht, ihn von seinen Schmerzen abzulenken, und erzählt unermüdlich Geschichten. Beide haben schon schlimmere Situationen erlebt, sind dem Tod beim Kajakfahren nur knapp entronnen.

Da meldet sich Garrick mit atemloser Stimme über Funk: „Ich habe Kontakt mit Victoria Falls. Der Helikopter ist in einer Viertelstunde da."

Erste Erleichterung. ‚Jetzt nur noch den Rückweg durch das Minenfeld sicher bewältigen', schießt es mir durch den Kopf. Zwanzig Minuten später die ersten Motorengeräusche. Dreimal dreht der Hubschrauber wieder ab, ohne uns in der Schlucht zu sehen. Wir schießen Leuchtraketen ab. Der vierte Anflug klappt. Dann geht alles sehr schnell. Der Arzt springt raus, Jonas' Bein wird provisorisch geschient, ein kurzer Abschied „Good luck, see you in Victoria Falls", und schon ist er auf dem Weg ins Krankenhaus. Plötzlich steht Garrick strahlend hinter mir. Wortlos fallen wir uns um den Hals.

„Dr. Livingstone, I presume?"

Jahrelang hat man von Livingstone in England keine Nachricht mehr erhalten. Im ganzen Land verbreitet sich das Gerücht, der große Forscher sei ermordet worden. James Gordon Bennett, Herausgeber des *New York Herald*, will jedoch nicht an Livingstones Tod glauben. Er wittert eine Sensationsgeschichte. Diesen Mann lebendig zu finden ist die große Chance für seine Zeitung. Geld spielt keine Rolle. Bennett schickt seinen besten Reporter, Henry Morton Stanley, mit dem Auftrag nach Afrika: „Finden Sie Livingstone!" Und Stanley findet ihn. Seine Expedition ist hervorragend ausgerüstet. Sieben Tonnen führt die 190 Mann zählende Karawane mit sich. Acht Monate streift er durch den afrikanischen Busch, ohne die geringste Vorstellung, wo er mit der Suche beginnen soll. Er weiß nur, daß Livingstone vor Jahren ins Landesinnere Richtung Westen aufgebrochen war. Am 3. November 1871 kommt es in dem kleinen Dorf Ujiji, in dem sich Livingstone krank und bis auf die Knochen abgemagert aufhält,

Gezeichnet von Krankheit und Alter, bewegt sich Livingstone mit seiner Karawane nur noch mühsam durch den afrikanischen Busch.

zu einer historischen Begegnung. „Ich hatte Tränen in den Augen, als dieser Mann, den nur Gott geschickt haben kann, in aller Feierlichkeit sagte: ‚Dr. Livingstone, I presume?'" Stanley beschreibt den historischen Augenblick später in den englischen Zeitungen: „Während ich mich ihm langsam näherte, sah ich, wie bleich und entkräftet er wirkte. Ich hätte ihm entgegenstürzen mögen, hätte ihn umarmen wollen, konnte aber nicht abschätzen, wie er als Engländer solchen Gefühlsausbrüchen gegenüberstand. Ich tat also, was Feigheit und falscher Stolz mich tun hießen, trat festen Schrittes auf ihn zu, zog den Hut und sagte ‚Doktor Livingstone, wenn ich nicht irre?'" Mit jenem feierlichen Satz, im unendlichen Afrika ausgesprochen, wird bis heute britische Unterkühltheit parodiert.

Vergeblich versucht Stanley, den Forscher zur Rückkehr nach Europa zu bewegen. Der zähe, alte Mann kann sich nicht von Afrika trennen. Er will sein letztes Werk mit aller Kraft beenden: die Entdeckung der Quellen des Nils. Doch er wird sie nicht finden. In dreißig Jahren hat er 40 000 Kilometer zu Fuß in Afrika zurückgelegt, bis er einsam und schwerkrank seinem Ende entgegensieht. Drei Tage vor seinem Tod notiert er am Ufer des Bangweolosees: „Völlig erschöpft ... bleibe hier ... will gesund werden." Am 1. Mai 1873 stirbt der Forscher und Missionar im Alter von sechzig Jahren. Sein Tod wird auch in Afrika betrauert. Die treuen Diener begraben die Eingeweide und das Herz unter einem Baum, reiben den toten Körper mit Salz und Branntwein ein, rollen ihn in Baumrinde und schleppen den Leichnam ihres Herrn aus dem Innern Afrikas fünf Monate lang zweitausend Kilometer an die Küste, damit er nach England überführt werden kann. Dort wird Livingstone in einem Staatsakt in der Westminster Abtei neben Königen beigesetzt.

Die letzte Hürde

Wir sitzen in dem kleinen Dorf Mukuni auf der zambischen Seite der Batoka-Schlucht, um uns von dem Schrecken des Unfalls zu erholen und neue Kräfte zu sammeln. Es ist die Heimat unserer vier neuen Begleiter, die uns überredet haben, auf einem garantiert minenfreien Weg aus der Schlucht zu klettern, um gemeinsam zu Abend zu essen. Mukuni, das sind etwa einhundert traditionell mit Stroh bedeckte Rundbauten. Der ‚Häuptling', Chief Mukuni, gilt als einer der weitsichtigsten Dorfoberhäupter in der Region. Er hat in Amerika studiert und versucht nun, in seinem Dorf die schwierige Balance zwischen Tradition und Moderne zu finden. „David Livingstone ist auf seiner ersten Zambezi-Expedition durch Mukuni gekommen und hat genau hier unter diesem Baobab-Baum gesessen", erzählt er in perfektem Englisch. „Er war der erste Europäer, den die Bewohner zu Gesicht bekamen. Leider haben wir durch Menschen wie ihn unser Verständnis der Welt fast gänzlich aufgegeben und

Die Ufer des Zambezi sind seit den Bürgerkriegskämpfen noch immer nicht von Minen geräumt. Jedes Anlanden mit den Booten ist ein Spiel mit dem Risiko.

das Christentum angenommen, ohne es mit unserer Weltsicht zu vereinen. Die Christen verstehen unsere Bräuche nicht und wir nicht ihre. Viele von uns haben es sich leichtgemacht und den angestammten Boden verlassen. Meine Aufgabe ist es, unsere Kultur zu bewahren und die Errungenschaften der neuen Zeit zu integrieren. Wir brauchen Geduld. Ich will keinen Massentourismus in Mukuni, so wie in Victoria Falls bei den Fällen. Eines vergessen wir nie: die Welt der Geister. Wo immer ich hingehe, die Geister der Vorfahren begleiten mich. Die neue Weisheit ist eine Weisheit der Eroberung. Die alte Weisheit erwartet den Tag, an dem sie wieder aufgesucht werden wird. Der Schlüssel dazu ist die Achtung der Bräuche und Rituale.“ Gespannt lauschen wir seinen Worten, die uns, gewollt oder ungewollt, die Widersprüchlichkeit unseres Tuns deutlich vor Augen führen.

Am nächsten Morgen um fünf Uhr verlassen wir Mukuni, klettern die Schlucht hinunter und präparieren die Boote. Clemens ist nach dem Unfall von Jonas völlig verändert. Zurückhaltend, nervös, angespannt. Ich versuche ihn zu beruhigen. Immerhin sind wir nun zwei Schlauchboot-Besatzungen, und die letzte große Hürde, die Moembafälle, kann umgangen werden, wenn eine Befahrung zu gefährlich erscheint. Die Tagesetappe beginnt gemütlich. Krokodile sind kaum mehr zu sehen, und in kurzer Folge überwinden wir die ersten Stromschnellen ohne besonderen Vorfall. Alles wartet gespannt auf die letzte Herausforderung. Es ist drei Uhr nachmittags, als das Rauschen immer lauter wird. Wenige Minuten später stehen wir auf dem glattgeschliffenen Felsufer und betrachten das majestätische, schreckeinflößende Schauspiel. Die gesamte Masse des Zambezi wird durch einen nur zwanzig Meter breiten Engpaß gedrückt. Der Fluß stürzt tosend in ein abgrundtiefes Loch und scheint unaufhörlich an den Felsen zu nagen. Immer wieder geht Clemens das Ufer ab, wie ein gefangenes Tier auf der Suche nach einem Fluchtweg. Mittendrin, auf einer schmalen Zunge, könnte es vielleicht gehen, aber drei Meter tiefer prallen brechende Walzen gegen die Felswand. Eine Todesfalle. Die Entscheidung ist getroffen: „Es wäre glatter Selbstmord, auch für die Schlauchboote. Da hilft uns auch kein Flußgott. Wir müssen die Fälle umtragen, auch wenn es Stunden dauert." Ich weiß, daß er sich lange mit dieser Antwort gequält hat. „Jonas wäre auch nicht gefahren", bestätige ich ihn.

„Es liegt an mir, neue Grenzerfahrungen zu finden. Innovativ ist nur, wer dorthin geht, wo die vielen anderen nicht sind", sagt der Kanute Jonas Nöcker.

Zwei Schlauchboote und die Kajaks, insgesamt vierhundert Kilo Ausrüstung müssen am Rand der Fälle dreißig Meter senkrecht abgeseilt werden. Das vertäute Equipment bleibt im Schlauchboot. Wir versuchen, es mit neun Personen über die Felsen an die Kante zu schleppen. Ein letzter, kräftiger Schub, und das Boot hängt in der Senkrechten. Langsam lassen wir es am Seil ab, als es plötzlich im Felsen verkeilt und von den Wassermassen der Moembafälle komplett überspült wird. Clemens seilt sich an und wagt sich entschlossen in die Wasserhölle. „Wenn dein Leben in der Hand anderer liegt, weißt du, was Vertrauen bedeutet", erklärt er Garrick und drückt ihm das Seilende in die Hand. Vom hinabstürzenden Wasser überspült und nicht mehr zu sehen, schneidet er die Vertäuung durch und zerrt mit letzten Kräften Kiste für Kiste aus dem Boot. Nur wenn das Gewicht reduziert wird, besteht eine Chance, es aus der Verkeilung zu lösen. Zwei Taschen werden ihm vom hinabstürzenden Wasser aus der Hand gerissen und vom Zambezi verschluckt. Nach zwanzig Minuten zieht Garrick ihn wieder nach oben. Das lebensgefährliche Manöver ist geglückt. Eine Stunde später sind Boote und Ausrüstung sicher unterhalb der Fälle angelangt. In der letzten Dämmerung seilen auch wir uns ab und erreichen wenig später erschöpft den Lagerplatz, an dem wir morgen von einem Lkw abgeholt und nach Victoria Falls zurückgebracht werden.

Grenzerfahrungen

Wo David Livingstone seine Flußfahrt auf dem Zambezi fortsetzt, geht die abenteuerliche Flußreise der Kanuten zu Ende. Selbsterfahrung haben sie gesucht. Den Rausch der Sinne. Zwei Wochen Abenteuer in einem Leben, das ihnen sonst zu langweilig ist. Eine Grenzerfahrung, darüber sind sich alle einig. „Die größte Gefahr bei solchen Reisen wirkt nicht von außen, sondern liegt in uns selbst", sagt Clemens, „in der Art, wie wir Risiken anpacken und wie wir dem Ungewissen begegnen." Ein „Ego-Trip" also? Die politische, wirtschaftliche und soziale Situation der Menschen in Zimbabwe und Zambia bleibt bei dieser Art Abenteuer weitgehend unbeachtet. „Ich habe nicht den Anspruch, mit so einer Reise etwas Gemeinnütziges zu unternehmen", hat mir Jonas schon zu Beginn unserer Zambezitour erklärt. „Ich mache es für mich alleine und versuche später in Diashows und in Artikeln meine Erlebnisse und Eindrücke anderen mitzuteilen. Ich suche einen Abenteuerspielplatz, weil ich mir dadurch zu Hause im Alltag ein neues Selbstbewußtsein aneigne."

Und Livingstone? Auch seine Reisen waren ein abenteuerliches Wagnis mit unvorhersehbarem Ausgang. Was bewegt damalige Forscher, solche Risiken einzugehen? Die Missionare verbreiten die Worte Gottes nicht nur, um die sogenannten Wilden zu bekehren und ihnen die Zivilisation zu bringen. Da locken auch Ruhm, Ehre und Gewinn. Wie hungrige Hyänen kämpfen Europas Großmächte um riesige Beute in Afrika. In diesem Wettlauf der Nationen beschert Livingstone England Ruhm und Macht. Englands größter Afrikaforscher, dieser Streiter für Gott und Vaterland, der aufrichtige Freund der Schwarzen, der unerschrocken gegen schier allmächtige Sklavenhändler auftritt, kann nicht ahnen, welche Folgen seine ruhmreichen Taten für seine bekehrten Schützlinge in Afrika haben würden. Wo seine Begleiter zum Flußgott Nyaminyami beten, direkt an der Abbruchkante der Victoriafälle, arrangieren heute clevere Tourismusmanager einen beliebten Gag. Frackdinner bei Sonnenuntergang – auf der Insel, die nach Livingstone benannt wurde, mitten auf dem „Highway Gottes".

Desaster am Teufelstor

Mormonen – *wer kennt sie nicht, die jungen, glattrasierten Männer in dunklen Anzügen, ein schwarzes Schild am Revers, auf dem ein Name wie aus dem alten Testament eingraviert ist; darunter liest man: „Kirche Jesu Christi der Heiligen der Letzten Tage".*

Sie ziehen von Haus zu Haus. Mit amerikanischem Akzent verkünden sie ihren Glauben. Meist sind sie zu zweit. Wenn sie fragen, ob man schon einmal von der Glaubensgemeinschaft der Mormonen gehört habe, bekommen sie oft ein Lächeln zu sehen und dann die Gegenfrage: „Sind Sie die, bei denen ein Mann mehrere Frauen heiraten kann?" Sie waren es, denn die Polygamie ist seit mehr als hundert Jahren abgeschafft. Ihre Heimat ist Amerika, das Zentrum Salt Lake City im US-Bundesstaat Utah. Etwa 12 Millionen Anhänger gehören der jungen Glaubensgemeinschaft an, mehr als die Hälfte davon lebt außerhalb der USA. Und weltweit wächst die Anzahl der Mormonen.

Pionierfamilie um 1860

Was aber haben sie mit „Höllenfahrten" zu tun? Suchten nicht die Mormonen im amerikanischen Westen „das Gelobte Land"? Die Geschichte, die wir erzählen wollen, ereignete sich um die Mitte des vorigen Jahrhunderts. Und diese Geschichte war in der Tat eine „Fahrt durch die Hölle".

Für die Mormonen war bis zur Fertigstellung der transkontinentalen Eisenbahn im Jahr 1869 die Überquerung der großen Ebenen ein *rite de passage*, eine Art Initiation. Sie war der unter Schmerzen erlittene Zug ins Gelobte Land, an dessen Ende der Eintritt ins Reich Gottes auf Erden stand. Die Erfahrungen der mormonischen Pioniere, die auf der etwa 2000 Kilometer langen Wanderung nach Salt Lake City schrecklichen Strapazen ausgesetzt waren, werden als Teil einer Art Heiligengeschichte betrachtet und verklärt. Nur so ist zu verstehen, daß wohl kaum ein Kapitel in der amerikanischen Geschichte so umfassend dokumentiert ist wie der große Exodus der Mormonen.

Das Bedürfnis, an die erst anderthalb Jahrhunderte zurückliegende Episode zu erinnern, ist bei den Mormonen sehr stark ausgeprägt. Vielleicht ist schon den Emigranten der Anfangsjahre mit der Überfahrt nach Amerika der Verlust alter Bindungen und europäischer Geschichte schmerzhaft klargeworden. Dieser Verlust mag sie dazu gebracht haben,

Ein großer Teil der Mormonen kam mit gecharterten Segelschiffen aus England. Die Überfahrt dauerte bis zu sechs Wochen. Die Passagiere litten unter den beengten Verhältnissen an Bord. (Gemälde von C. C. A. Christensen)

Identität in einer neuen Geschichte zu suchen. Die neue Geschichte war die der frühen Glaubensgefährten. Vor diesem Hintergrund wird verständlich, woher die Mormonen den starken Drang haben, die eigene Geschichte zu heroisieren oder zu idealisieren. Von hier zur Mythologisierung durch die Nachwelt ist es nur ein kleiner Schritt.

Verfemt und verfolgt

Die 150. Wiederkehr des Tages, an dem die Mormonen in das Tal des großen Salzsees gezogen waren, wurde im Sommer 1997 mit aufwendigen Feiern begangen. Auch daran kann man erkennen, welche Bedeutung der großen Wanderung noch heute beigemessen wird. Aber wie kam es damals zu dem Exodus? Wer waren die Mormonen, und was trieb sie dazu, den großen amerikanischen Kontinent unter dem Einsatz ihres Lebens zu überqueren?

Der Ursprung dieser religiösen Bewegung fällt in eine Zeit, in der zahlreiche Glaubensgemeinschaften in den jungen Vereinigten Staaten von Amerika nach neuen Mitgliedern suchten oder sich gerade erst formier-

ten. Das Besondere an den Mormonen war, daß ihre Gemeinschaft auf einen Gründer zurückgeht, der im Jahr 1827 eine göttliche Offenbarung empfangen haben wollte und sich in biblischer Tradition als Prophet bezeichnete: Joseph Smith, ein einfacher Mann aus dem neuenglischen Staat New York. Achtzehnhundert Jahre nach Jesu Tod hatte es ihm zufolge Gott gefallen, den Menschen ein himmlisches Zeichen zu senden. Er schickte den Engel Moroni, der Joseph Smith göttliche Offenbarungen auf im Wald vergrabenen goldenen Tafeln zeigte. Darauf eingeritzte, sogenannte „reformiert-ägyptische" Inschriften sollen von Joseph Smith mittels göttlicher Eingebung ins Englische übertragen worden sein. Das Resultat war das „Book of Mormon", neben der Bibel die zweite Heilige Schrift der Mormonen. Das Wort Mormon setzt sich zusammen aus dem ägyptischen Wort „mon" für „gut" und dem englischen Wort „more", bedeutet also in simpler Übersetzung „Mehr Gutes".

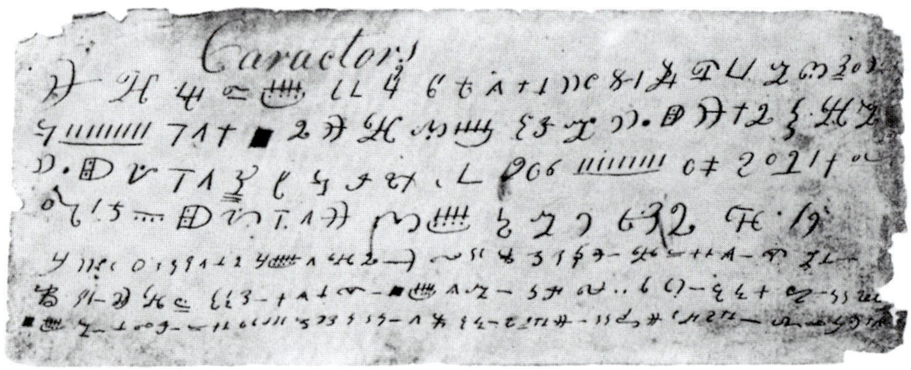

Oben: Joseph Smith (1805–1844), der Begründer der „Kirche Jesu Christi der Heiligen der Letzten Tage". Ihm soll 1827 ein Engel erschienen sein, der ihm goldene Tafeln zeigte mit dem Auftrag, die darauf geschriebenen göttlichen Offenbarungen in der Welt zu verbreiten.

Rechts: Beispiel der Hieroglyphenschrift, die Joseph Smith ins Englische zum „Book of Mormon" übersetzte. Die Existenz der Tafeln ist allein durch Zeugenaussagen belegt. Archäologische Funde gibt es nicht.

Noch heute ist das „Buch Mormon" der wesentliche Grund dafür, daß die Mormonen von vielen anderen christlichen Glaubensgemeinschaften nicht als gleichrangig „christlich" anerkannt werden. In dem „Buch Mormon" finden sich unter anderem Aussagen zu den wesentlichen Lebensprinzipien der Mormonen, wie z. B. der Polygamie und dem Verbot von Rauschmitteln.

Beiderseits des Atlantiks stießen die Lehren des Joseph Smith auf ein großes Echo bei der einfachen Bevölkerung. Die Mormonen standen unter dem unmittelbaren Eindruck der übersinnlichen Erlebnisse und göttlichen Offenbarungen ihres „Propheten". Zugleich erfuhren sie eine starke Ablehnung durch die übrige Bevölkerung, die sich vor allem auf der nach und nach stärker praktizierten Polygamie gründete, die eine Provokation der modernen Gesellschaft war und die noch heute, obwohl längst Vergangenheit, das Ansehen der Mormonen prägt. Die Vielweiberei führte schon früh zur militanten Verfolgung von Anhängern der jungen Glaubensgemeinschaft. Einen vorläufigen Höhepunkt fanden diese Anfeindungen im Jahr 1844, als Joseph Smith in der Untersuchungshaft von einer aufgebrachten Menge kaltblütig erschossen wurde. Unfreiwillig machten damit die Gegner der Mormonen deren Gründer zum Märtyrer. Spätestens jetzt war klar, daß die „Heiligen der Letzten Tage" sich ein eigenes Land suchen mußten, wo sie ungestört leben konnten.

Nun steht das Ereignis bevor, das einen so bedeutenden Stellenwert in der Geschichte der Mormonen einnimmt: der gewaltige Exodus nach Utah. Es scheint, daß die große Wanderung ins Gelobte Land Anleihe bei biblischen Vorbildern nahm: etwa bei Abrahams Auszug aus Chaldäa nach dem Lande Kanaan oder Moses' Auszug aus Ägypten. Mit der entbehrungsreichen Wanderung war ihnen von Gott eine Prüfung auferlegt worden, die sie dem Reiche Gottes näher gebracht hat – so bewerteten die Mormonen ihr Schicksal in jener Zeit, und sie halten noch heute an dieser Auffassung fest. In diesem Sinne begreifen sie sich als auserwählt, als „Heilige". „Heilige", *saints*, nennen sie sich selbst in Abgrenzung zu anderen Christen.

Die unmittelbare Nähe zu Gott, die noch heute ihre religiöse Einstellung bestimmt, zeigte sich ihrer Auffassung nach in zahlreichen Wundern, die an die biblische Geschichte erinnern. So wird erzählt, daß Gott tätig in den gefahrvollen Zug nach Westen eingriff. Vergleichbar der Teilung des Roten Meeres, die dem Volk Israels die Flucht vor den Ägyptern ermöglichte, schickte Gott Frost, damit die Mormonen über den vereisten Missouri vor den Überfällen feindlicher Siedler fliehen konnten. Und wie Jesus nach dem Evangelium des Matthäus fünf Brotlaibe teilte, um mit göttlicher Hilfe fünftausend Menschen satt zu machen, so wurden den Mormonen vom Himmel Schwärme von Wachteln geschickt, die sie vor dem Hungertod bewahrten.

Eine Mormonenfamilie vor ihrem Blockhaus, dessen Dach mit Rasen gedeckt ist. Dieses Bild wurde von dem Fotografen der Union Pacific Railroad, Andrew Joseph Russel, 1868 an der Echo Junction aufgenommen. Die Szene illustriert anschaulich die Ausübung der Polygamie unter Mormonen.

In den frühen Jahren hatten sich die Mormonen, die nur eine göttliche Macht anerkannten, in starkem Widerspruch zur Herrschaft der amerikanischen Demokratie begriffen. Mit ihrem Exodus wollten sie vor allem eins: die Last der Verfolgung, der sie u. a. wegen der Polygamie ausgesetzt waren, abschütteln und in Frieden leben. Ihre patriarchalisch geprägte Vorstellung vom Gemeinwesen war eher dem Alten Testament entlehnt, als daß sie der amerikanischen *constitution* entsprach. In den Anfangsjahren strebten die Mormonen keinen Staat und keine republikanische Staatsordnung an, sondern ein Königreich Gottes. Heute dagegen begreifen sie sich als Repräsentanten eines traditionell amerikanischen Gemeinwesens und stehen politisch, so weit eine solche Verallgemeinerung zulässig ist, eher auf der Seite sehr konservativer Kräfte.

Oben: Das harte Siedlerleben und häufige Schwangerschaften ließen die Frauen im Westen früh altern.

Rechts: Der Handkarren wurde zum universalen Transportmittel auf dem „Mormon Trail". Er sollte auch den ärmeren Glaubensgenossen, die sich kein Ochsen- oder Pferdegespann leisten konnten, den Treck ins „Gelobte Land" ermöglichen.

Rechte Seite unten: Salt Lake City im Jahr 1885. „Dies ist der Ort", rief Brigham Young 1847 beim Anblick des Tals des Großen Salzsees aus. In wenigen Jahren verwandelten die Mormonen das von vielen für unfruchtbar gehaltene Tal in eine blühende Landschaft und errichteten dort ihre Hauptstadt Salt Lake City. Links im Bild das berühmte Tabernakel.

Die Sehnsucht nach dem Land der Freien

Es waren zumeist die Ärmsten der Armen, die den Verheißungen der mormonischen Missionare nicht widerstehen konnten, versprachen sie ihnen doch nicht nur einen neuen Anfang im Gelobten Land, sondern auch das Heil im Jenseits. Mit wenig Geld und ohne jedes Wissen, was sie erwarten würde, waren sie bereit, sich notfalls auch auf die bloße Kraft des eigenen Körpers zu verlassen, um sich eine Zukunft im neuen Zion zu erobern. Das konnte für die ganz Armen bedeuten – hatten sie einmal die Überquerung des Atlantiks und die Eisenbahn- bzw. Flußfahrt bis zum Mittleren Westen hinter sich –, daß sie das Tal am Großen Salzsee zu Fuß erreichen mußten. Das Wundergefährt, das ihnen die Reise quer über den halben Kontinent erleichtern sollte, war der *handcart*, der Handkarren.

Die Episode der *handcart-companies*, Gruppen, in denen die Auswanderer organisiert waren, bildet den bizarren Höhepunkt in der Pioniergeschichte Amerikas. An ihr waren nur einige Tausend Emigranten beteiligt. Das war eine geringe Zahl, verglichen mit den insgesamt rund 60 000 Mormonen, die zwischen 1847 und dem Bau der Eisenbahn 1869 nach Salt Lake City gekommen waren. Der Wille dieser Pioniere, um jeden Preis nach Westen zu ziehen, war unerschütterlich. Sie hegten keine Zweifel am Gelingen des Vorhabens. Diese Naivität sollten, wie sich später erwies, viele mit dem Tod bezahlen. Andere fristeten nach den überstandenen Strapazen des Trecks ein Leben in Krankheit.

Die oberste Autorität der Mormonen, Brigham Young, Nachfolger von Joseph Smith, hatte vor, sein neues Zion rasch mit möglichst vielen Glaubensgefährten zu besiedeln. 1847 hatte er den ersten großen Treck mit rund 1500 Siedlern in das Tal des Großen Salzsees geführt. Salt Lake City wurde gleich nach der Ankunft gegründet und entwickelte sich binnen weniger Monate zu einer kleinen Stadt. Young wollte die wachsende Zahl der Anhänger aus Europa und dem Mittleren Westen ohne Verzögerung zu sich holen.

Die Arbeit der mormonischen Missionare, die sich schon bald nach der Kirchengründung in den dreißiger Jahren des 19. Jahrhunderts in den Dienst der Glaubensverkündung gestellt hatten, war besonders in England erfolgreich.

Wie für viele Menschen im Europa des beginnenden Industriezeitalters war auch für die Engländerin Elizabeth Sermon Amerika das Land der großen Sehnsucht. Als Missionare der Mutter von fünf Kindern die Geschichte von Joseph Smith erzählten, war sie, wie sie später berichtete, tief berührt. Sie schloß sich der religiösen Erneuerungsbewegung der

Brigham Young (1801–1877) übernahm nach dem Tod von Joseph Smith die Führung der

Mormonen. Seiner Vision verdankt die „Kirche Jesu Christi der Heiligen der Letzten Tage" den Zug ins unbesiedelte Tal des Großen Salzsees und die Gründung von Salt Lake City.

Mormonen an. Der neue Glaube und die Hoffnung auf ein besseres Leben in Amerika ließen Elizabeth Sermon zuversichtlich in die Zukunft schauen. 1892 schrieb sie im Alter von 72 Jahren in einem Brief ihre Erinnerungen für ihre Nachkommen auf: „Im Jahr 1852 trat ich der Kirche der Mormonen bei. Wir wohnten in London. Euer Vater hatte durch seine Sparsamkeit eine kleine Summe zusammengetragen. Es war genug, um zwei Häuser in den Vororten von London zu erwerben. In einem wohnten wir, das andere wurde vermietet. Beide Häuser verkauften wir für unsere Übersiedlung nach Amerika." Elizabeth Sermons Schicksal ist beispielhaft für viele, die der Kirche der Mormonen in England beitraten. Ihr Lebensrückblick ist ein ergreifendes Dokument der großen Auswanderung in den amerikanischen Westen.

Darstellerin der Elizabeth Sermon aus *Desaster am Teufelstor*. Dem Ruf des Propheten folgend, überredete die Engländerin ihren Mann, ihr wohlsituiertes Leben in London aufzugeben, um mit der Familie nach Salt Lake City zu ziehen. Ihr Mann starb auf dem Treck, die Kinder erlitten schwere Erfrierungen.

Die Tragik in der Geschichte von Elizabeth Sermon bestand vor allem darin, daß sie ihren Mann, der nicht Mormone werden wollte, in das „Abenteuer Amerika" hineingezogen hatte. In dem Brief an ihre Kinder schrieb sie: „Euer Vater konnte sich mit der Religion der Mormonen, der Heiligen der Letzten Tage, nicht anfreunden. Ihm schien schon die Bezeichnung zu hoch gegriffen. Aber obwohl er den Glauben nicht annehmen konnte, wollte er mich nicht alleine ziehen lassen. Hätte ich seinen Rat befolgt, wären uns viele schwere Prüfungen, die wir bestehen mußten, erspart geblieben. Wir verließen 1852 unser Heim, fuhren nach Liverpool und schifften uns ein. Nach einer langen, rauhen und eintönigen Fahrt landeten wir schließlich in Castle Garden, New York. Ich selbst war stark im Glauben und vertraute den Dienern des Herrn, für die ich die Kirchenältesten hielt."

Nicht ganz mittellose Emigranten, zu denen auch Elizabeth Sermons Familie gehörte, konnten sich die Überfahrt leisten. Manche hatten genügend Geld, um sich Pferde und Wagen zu kaufen und an einem der Wagentrecks teilzunehmen, die sie zu den Siedlungsgebieten der Mormonen bringen sollten. Die Ärmeren, die jeden Penny zusammenkratzen mußten, warteten auf die Unterstützung von der Mormonenkirche, die für diese Leute einen Hilfsfonds gegründet hatte. Andere Familien, die nur das Geld für die Überfahrt aufbringen konnten, ließen sich für einige Zeit in Neuengland nieder. Dort suchten sie Arbeit und sparten, um die Reise nach einigen Jahren fortsetzen zu können. Denn trotz der Hilfsprogramme mußte letztlich jeder selbst für die Kosten aufkommen. Die finanzielle Unterstützung wurde als Darlehen vergeben, sie war kein Geschenk.

Eine Wagenburg der Mormonen am Independence Rock auf einem Gemälde von William Henry Jackson. Die mächtigen runden Steinformationen waren ein beliebter Lagerplatz für die durchziehenden Immigranten. Den Namen erhielt der Fels von einer Gruppe früher Pioniere, die hier an einem 4. Juli den Unabhängigkeitstag der USA feierten. Im Hintergrund die Schlucht von „Devil's Gate".

Durch den Betrag, den die Sermons während ihres vierjährigen Aufenthalts in New York angespart hatte, war sie besser gestellt als die vielen völlig mittellosen Auswanderer. Aber weit sollte auch das Geld nicht reichen. „Als wir von New York aus aufbrachen, waren wir Teil einer unabhängigen Gruppe, die die Fahrtkosten selbst aufbrachte. Wir wollten von Iowa aus mit Wagen und Maultieren losziehen. Als wir in Iowa ankamen, mieteten sich einige von uns Häuser für 20 Dollar im Monat, bis das Lager errichtet war. Dann kauften wir Leinwand für unser Zelt, nähten es und zogen ein. Euer Vater, der nicht untätig herumsitzen konnte, nahm Arbeit für einen Dollar am Tag an. Unser Geld schwand, und wegen der hohen Preise mußten wir unsere Pläne, Wagen und Maultiere zu kaufen, aufgeben."

In sechzig Tagen zum Ziel

Brigham Young setzte seine Idee von einem Treck, in dem der Handkarren als Haupttransportmittel dienen sollte, bei den Einwanderern durch. „Fünfzehn Meilen am Tag bedeutet, in siebzig Tagen haben sie es geschafft. Und wenn sie sich daran gewöhnt haben, werden sie 20, 25 und

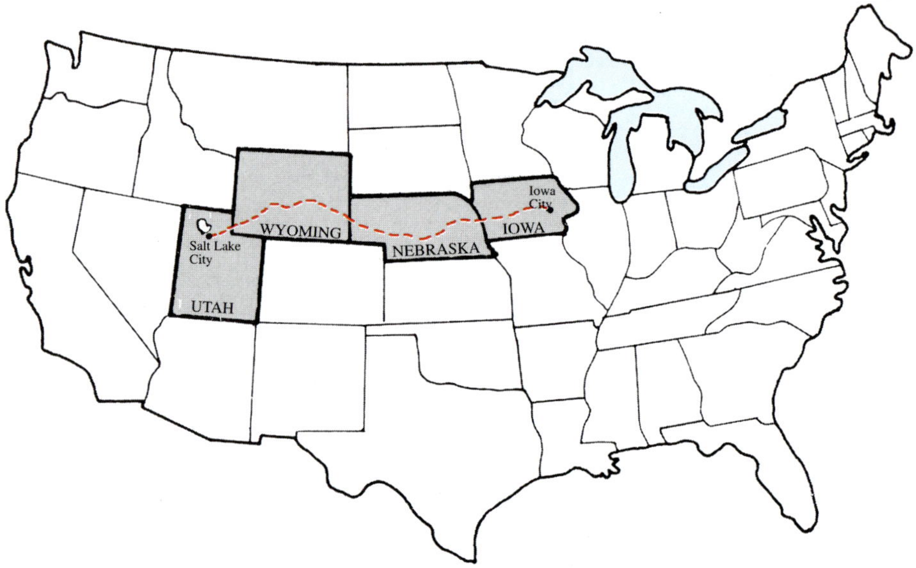

Über 3000 Menschen kamen in Handkarren-Gruppen zum Tal des Großen Salzsees. Von Iowa City aus legten sie in etwa 85 bis 90 Tagen eine Strecke von mehr als 2000 Kilometern zurück. Die Fertigstellung der transkontinentalen Eisenbahnlinie im Jahr 1869 setzte den Wagen- und Handkarrentrecks ein Ende.

sogar 30 Meilen leicht bewältigen ... die Kinder und die Kranken, wenn solche dabei sind, können auf den Karren transportiert werden. Aber es wird keine Kranken geben, wenn der Treck aufgebrochen ist", verkündete er euphorisch. 25 Meilen waren mehr als 40 Kilometer. Unter guten Voraussetzungen würden sechzig Tage für den Treck ausreichen. Niemand schien die mehr als leichtfertig geäußerten Worte des Kirchenführers anzuzweifeln. Das Heilsversprechen machte viele blind für die harte Wirklichkeit. Und die Missionare bestärkten die auswanderungswilligen Anhänger ihrer Kirche in dem Glauben, Gott werde auf dem langen Marsch für sie Sorge tragen.

Als im Jahr 1856 die Idee, *handcart-companies* auf eigene Trecks zu schicken, systematisch in die Praxis umgesetzt wurde, teilten die Kirchenvertreter die Auswanderer in Kontingente ein. Es gab einige, wie die Familie von Elizabeth Sermon, die zu diesem Zeitpunkt schon in Amerika waren. Der größte Teil der Emigranten aber wurde erst in diesem Jahr per Schiff von Liverpool nach New York gebracht. So setzte noch am 25. Mai 1856 die *Horizon* in Liverpool Segel und brachte 856 Passagiere, gerade erst konvertierte Mormonen, nach Amerika. Die meisten von ihnen waren Engländer, Waliser oder Schotten aus den armen Grubenstädten oder verarmte Bauern vom Land. Die späte Überfahrt der *Horizon* und anderer Schiffe - es war inzwischen ja schon Ende Mai - sollte verhängnisvolle Folgen haben, denn eigentlich war es bei der Ankunft in Amerika schon viel zu spät, um noch nach Westen aufzubrechen.

Von New York, so forderte die neue Strategie der Mormonenleitung, ging es sofort mit der Bahn bis zur letzten Station, Iowa City. Missionare begleiteten die in Gruppen zusammengefaßten Mormonen auf der gesamten Strecke. Iowa City, ein Zwischenziel auf der Etappe, erschien vielen wie ein kleiner Vorort der Hölle und gab einen Vorgeschmack auf das, was kommen sollte. Die Temperaturen und die Luftfeuchtigkeit waren hoch. Am Tag quälten Schnaken die Auswanderer, die von England her an ein ganz anderes Klima gewöhnt waren. Nachts machten sich Flöhe und Wanzen über sie her. Kinder bekamen von den Stichen geschwollene Glieder. Sofern überhaupt Zelte vorhanden waren, mußten sich drei, vier Familien eines teilen. War die Hitzewelle vorüber, kamen Sturm und Regen mit solcher Gewalt, daß viele Zelte weggerissen wurden und das ganze Lager im Morast zu versinken drohte.

Das Wort „Amerika" hatte im fernen Europa einen verführerischen Klang besessen. In den Träumen der Auswanderer kam das schmutzige und demütigende Leben von Iowa City nicht vor. Um so mehr setzten die Missionare und die fest im Glauben stehenden Auswanderer alles daran, von dieser Stadt fortzukommen. Sie hatten gegen eine sinkende Moral anzukämpfen.

Auf der langen Wanderung nach Westen sollten nur die schweren Gegenstände - Zelte, Werkzeug, Vorräte - weiterhin auf großen Wagen befördert werden. Alles andere mußten die Auswanderer selbst transportieren. Geplant war, daß im Schnitt jede Familie einen Handkarren erhält, der so beschaffen war, daß er von einem Mann gezogen werden konnte. Frauen und Kinder sollten zu Fuß gehen. Ein Handkarren war für die Habe von fünf Personen berechnet.

Folgende Doppelseite: Montell Seely durchquert den Red Canyon, Utah, mit seinem Nachbau eines original Handkarren von 1856. Zusammen mit seinen Kindern Janel, Liane und Mark legte er 1997 die gesamte Strecke des „Mormon Trail" zurück, um die Leistungsfähigkeit der *handcarts* zu testen.

Unten: Frauen und Kinder machen ein Feuer aus Buffalo-Fladen, während der Rest einer Handkarrengruppe, die aus bis zu hundert Leuten bestand, im Lager eintrifft.

Während der Wartezeit sahen die Auswanderer den Wagenpark der Handkarren wachsen. Manche waren sehr leicht gebaut und sahen kaum besser aus als Kisten auf Rädern. Andere waren von solider Bauweise, hatten gelegentlich sogar eine eiserne Achse oder eiserne Lager über einer Holzachse. Die Laufflächen der Räder waren bei einigen zum Schutz mit Kuhhäuten bespannt, andere wieder bestanden aus blankem Holz.

Da der Bedarf an Handkarren im Sommer des Jahres 1856 stark angewachsen war, wurde das Baumaterial knapp und konnte nicht in der notwendigen Qualität beschafft werden. So wurde frisch geschlagenes, zu wenig getrocknetes Holz von mitunter minderwertiger Güte verwendet. Der Wunsch, rasch nach Westen aufzubrechen, ließ die Notwendigkeit einer sorgfältigen Vorbereitung der Reise vergessen. Dabei hätten zumindest die Anführer, Leute, die schon mehrmals den langen Weg über die Prärie genommen hatten und die Gefahren des Weges kannten, voraussehen müssen, daß solcherart zusammengezimmerte Handkarren der Trockenheit im Westen, dem Sand und den steinigen Wegen über die Berge nicht standhalten konnten.

Normalerweise verließen die Trecks im späten Frühjahr Iowa City, um

Die Auswanderung der Mormonen in den Westen war im Gegensatz zu der anderer Pioniere gut organisiert. Es waren „Dörfer auf Rädern", die sich durch die amerikanische Prärie bewegten.

nach etwa zwei Monaten, also im Juli, spätestens im August, Salt Lake City zu erreichen. Nun aber trafen erst im Juli zwei riesige Gruppen neuer Emigranten in Iowa City ein, die noch vor Einbruch des Winters an ihr Ziel gelangen wollten. In größter Eile wurde die Abreise vorbereitet. Am 15. Juli 1856 zog unter Captain Willie die nach ihm benannte *handcart-company* mit fünfhundert Leuten los.

Die letzte Gruppe, die in diesem Jahr noch mit Handkarren nach Westen ziehen wollte, wurde unter das Kommando von Captain Martin gestellt. Er führte insgesamt 575 Personen an – 147 Familien mit Handkarren, dazu 7 Wagen, zu denen 30 Ochsen als Zugvieh gehörten. Außerdem wurden 50 Kühe als lebender Proviant mitgeführt. Die gesamte *company* war unterteilt in sechs Gruppen von maximal 100 Personen mit jeweils einem *sub-captain* an der Spitze.

Elf Tage später, am 26. Juli, brach endlich Captain Martin mit seiner Gruppe auf. Zu dieser gehörte auch Elizabeth Sermons Familie. „Wir blieben im Lager, bis die letzte Reisegruppe zusammengestellt wurde, deren Anführer Bruder Martin war“, schrieb sie. „Euer Vater hatte immer wieder mit dem Aufbruch von Iowa City gezögert, und so hatten schon vier

Mormonen überqueren den Mississippi bei Nauvoo auf der Flucht vor ihren Verfolgern. (Szenenfoto aus dem Film *Legacy*, 1993)

Gruppen vor uns das Lager in Richtung Westen verlassen. Er wollte nicht weiterziehen, aber dann habe ich ihn doch überredet, nach Zion zu gehen. Sein Kopf war voller Zweifel. Deshalb blieben wir, gegen den Rat der Ältesten, bis zum Schluß. Schließlich kauften wir einen Handkarren und zahlten für die Verpflegung von Iowa City nach Salt Lake City. Dann brachen wir mit meinem Mann und den Kindern, John, acht Jahre alt, Henry, sechs, Robert, vier, und der zweijährigen Marion, auf. Mein Ältester, Charles, war in England geblieben und lebte bei den Großeltern. Ich habe ihn nie wieder gesehen."

Die Strapazen und das Leid der Willie- und der Martin-Company mit insgesamt über tausend Teilnehmern, die in kurzem Abstand voneinander den Treck angetreten hatten, sollte in das vielleicht schwärzeste Kapitel der Besiedlungsgeschichte Amerikas eingehen. Die Umstände waren von Anfang an schlecht. Jetzt kam hinzu, daß besonders die Martin-Company darunter litt, daß ihr viele kinderreiche Familien, kranke und alte Menschen angehörten. Es gab zu wenige, die in der Lage waren, die Handkarren zu ziehen. So war schon vor dem Aufbruch klar, daß selbst achtjährige Kinder beim Ziehen helfen mußten. Elizabeth Sermon: „Es war nun alles bereit für die Reise. Viele Leute rieten uns, nicht so spät im Jahr aufzubrechen. Es war schon Ende Juli, und sie sagten: ‚Sie wissen nicht, was Ihnen bevorsteht.' Aber wir ahnten nichts und vertrauten den Ältesten und dem Captain. Ich glaube, ich habe den Karren mustergültig gezogen, denn die Ältesten sagten: ‚Schwester Sermon kommt bestimmt an, sie macht ihre Arbeit gut.' Ich wurde auf der Fahrt schwächer, aber habe nie meinen Mut verloren. Ich war fröhlich und sang die Lieder vom Gelobten Land, und meine ganze Hoffnung lag darin, das Tal zu erreichen, wo ich meine Kinder im wahren Glauben erziehen könnte."

Aufbruch nach Westen

Die ersten Tage der Wanderung gingen durch besiedeltes Gebiet, in dem noch keine Versorgungschwierigkeiten auftraten. Das Wetter war heiß. Die Sonne verbrannte die Gesichter, aber noch war die Wanderung erträglich. Es lief alles nach Plan.

Captain Willie erreichte die Stadt Florence (beim heutigen Omaha in Nebraska) am 11. August. Hier sollte Proviant aufgenommen werden. Mit Enttäuschung mußten die erschöpften Auswanderer jedoch erfahren, daß alle Vorräte von vorangegangenen Trecks aufgekauft worden waren. Sollte man nun eiligst weiterziehen oder sich im Gegenteil Zeit nehmen, um Proviant zu beschaffen? Levi Savage, ein erfahrener Mann aus dem Kreis der Kirchenältesten und mit der Landüberquerung vertraut, erhob als einziger unter den Führern der Mormonen eine kritische Stimme. Auf einer Versammlung warnte er davor, den Treck fortzusetzen. So wie die

Gruppen mit zu vielen Kindern, Kranken und Alten zusammengesetzt waren, würden sie nur unter Verlusten ihr Ziel erreichen können. Er schlug vor, den Treck abzubrechen und an dem gegenwärtigen Aufenthaltsort, wo zehn Jahre zuvor der erste große Mormonentreck schon einmal Winterquartier genommen hatte, den Frühling abzuwarten. Die Stimmung unter der Bevölkerung von Florence war feindlich, denn wie sollte man die vielen Leute über den Winter bringen können? Als es zur Abstimmung kam, war Savages Hand die einzige, die sich für seinen Vorschlag erhob. Heroisch stellte er sich der Niederlage und zog mit den anderen weiter. Er sollte nicht zu denen gehören, für die dieser Treck schließlich den Tod bedeutete. Er war ein Mann von unerschöpflichen Energien, dem später viele ihr Leben verdankten und der unermüdlich zum Durchhalten aufrief.

Mark Seely bei einer Flußüberquerung. Manche Handkarren wurden wegen ihres geringen Gewichts von der Strömung fortgerissen.

Pro Person durften nicht mehr als 17 Pfund (ein englisches Pfund hat etwa 450 Gramm) an Kleidung, Bettwäsche und persönlichen Dingen mitgenommen werden, und für jeden Handkarren waren 15 Pfund Kochgeschirr erlaubt. Aber schon wenige Tage nach dem Aufbruch verlangte Captain Martin, daß auf jeden der Handkarren 100 Pfund Mehl aus den Versorgungswagen übernommen werden sollten, um die überladenen Transportvehikel zu entlasten. Das sollte eine Sicherheitsmaßnahme gegen einen eventuellen Zusammenbruch der Versorgungswagen sein. Damit waren aber nun die Handkarren so schwer belastet, daß sie in freiem Gelände nur unter großer Kraftanstrengung zu bewegen waren. Wie Zugtiere spannten sich die Erwachsenen und selbst Kinder vor die Handkarren, die Alten und Schwachen schoben oder zogen zur Unterstützung. Ging es steil bergauf, wurde nicht selten abgeladen und die Last auf dem

Rücken hochgeschleppt. Ging es bergab, wurde das drückende Gewicht mit Seilen und Holzscheiten gebremst.

Je weiter der Treck nach Westen vordrang, desto trockener wurde das Klima. Das war zwar den Menschen und auch für die Zugtiere angenehmer, aber für die Konstruktion der Handkarren hatte die fehlende Luftfeuchtigkeit unvorhergesehene, katastrophale Folgen. Das Holz trocknete von Tag zu Tag mehr aus. Achsen brachen unter der Last. Das geschrumpfte Holz der Lager gab keinen Halt mehr, Speichen barsten. Die Wagen mußten ständig repariert werden. Die Folge war, daß immer wieder einzelne Familien zurückblieben, die dann unter enormem Kraftaufwand erneut den Anschluß suchen mußten. Denn der Zug unter dem strengen Captain Martin duldete wegen der Pannen einzelner Treckteilnehmer keinen Aufenthalt.

Da wegen der Trockenheit die Räder in den Lagern unerträglich zu kreischen begannen, ging man dazu über, sie mit allen verfügbaren Materialien zu fetten. Das war ein schwerer Fehler. Frühere Pioniere kannten das Problem und berichteten von der Höllenmusik, die sie auf dem Treck begleitet hatte. Es war aber besser, die Räder kreischen zu hören, als sie zu schmieren. Denn das Fett band den Sand und wirkte nun wie Sandpapier. In kurzer Zeit verloren die Radachsen so sehr an Substanz, daß sie brachen. Einige suchten Abhilfe mit Lederstückchen, die sie aus ihren Stiefeln schnitten und um die Achsen legten. Andere zerschnitten Blechgeschirr, um mit Metallstreifen das Holz zu schützen. Innerhalb der *company* begann man, die kräftigen jungen Männer auf die schwächeren Familien zu verteilen, um einen gewissen Ausgleich herzustellen. Es gab dennoch Handkarren, die ausschließlich von Mädchen gezogen wurden.

Kameramann Lars Barthel filmt die Reparatur eines Handkarren im Red Canyon, Utah, bei Dreharbeiten zu dem Film *Desaster am Teufelstor*.

Zwischenfall in Nebraska

In Nebraska kam es zu einem Zwischenfall, der schwere Folgen haben sollte. Das Lager wurde eines abends in einer Gegend aufgeschlagen, in der eine Büffelherde weidete. Die Tiere des Trecks waren dadurch beunruhigt. Plötzlich gingen die Zugochsen und Proviantkühe durch. Alle Männer zogen trotz der Dunkelheit los, um so viele Tiere wie möglich wieder einzufangen. Am nächsten Morgen stellten sie fest, daß dreißig Stück Vieh verloren waren. Drei Tage wurden daran gegeben, die Tiere zu suchen, doch ohne Erfolg. Es waren nur noch jeweils ein Paar Lastochsen pro Wagen übrig. Zum Gespann hatten ursprünglich sechs Paar gehört. Nun wurden die für diese Zwecke ungeeigneten, nicht dressierten Milch- und Fleischkühe eingespannt. Sogar zweijährige Jungkühe machte man in der Not zu Zugtieren. Für Mensch und Tier wurde die weitere Fahrt zur Tortur. Es blieb nichts anderes übrig, als wiederum die Versorgungswagen zu erleichtern. Das bedeutete, nochmals einen Teil der Mehlvorräte auf die Handkarren zu verteilen. Mit dem Verlust der Milchkühe, dem stark reduzierten Vorrat an Rindfleisch und dem zusätzlich zu ziehenden Gewicht auf den Karren wurden die längst an die Grenzen ihrer Kraft angelangten Auswanderer einer weiteren Belastungsprobe unterzogen.

Zur Zeit der Mormonen-Trecks konnten die riesigen Büffelherden der Prärie, wenn sie im vollen Galopp daherkamen, zur Bedrohung für den Wagen- und Handkarrenzug werden. Büffelfleisch war eine wichtige Nahrungsquelle für die Pioniere und für die Indianer, deren Land sie durchquerten.

Steve Sorensen, Darsteller des Captain Martin in dem Film *Desaster am Teufelstor*, bei der Durchquerung des Sweetwater River in Wyoming.

Zugleich wurden die Mehlrationen immer schmaler. Die Leute leisteten Schwerarbeit und hungerten dabei. Elizabeth Sermon schrieb: „Der Weg war rauh und das Vorwärtskommen langsam und beschwerlich. Die Gesundheit eures Vaters begann zu leiden, und sein Herz schien zu brechen." Und dann gibt sie die Worte wieder, die er Anfang September 1856, nach rund vierzig Tagen Reise, resigniert zu ihr sagte: „Wozu hast du uns gebracht, dich, du selbst im Geschirr wie ein Zugtier, deine Kinder hungrig und fast nackt, ich schon bald nicht mehr auf dieser Welt, und mein Gott, was soll aus dir und den Kindern werden? Du wirst wissen, wie recht ich hatte, wenn alles zu spät ist."

An den Abenden hatte kaum noch einer die Kraft, die Zelte aufzubauen, Feuerholz zu sammeln und zu kochen. Krankheiten griffen um sich. Das *mountain fever*, ein fiebriger Infekt, der in England unbekannt war und sehr schmerzhaft sein konnte, befiel vor allem die Kinder. Auch einer der Söhne der Sermons litt darunter. Seine Mutter sah das als neue Prüfung an: „Ich nahm ihn auf den Rücken und zog den Karren so gut ich konnte. Aber ich kam nicht weit, so mußte ich ihn auf den Karren zur übrigen Last legen."

Je höher der Treck in die Hochebenen kam, desto kälter wurden die Nächte. Die 17 Pfund Kleidung und Bettzeug, die jedem zustanden, reichten nicht mehr aus. Feuerholz fand sich kaum noch. Büffelkot und das dünne Holz der Salbeibüsche mußten dafür herhalten. Dabei war es nicht nur wegen der Wärme wichtig, ständig Feuer zu unterhalten. Es diente auch dazu, die Wölfe zu vertreiben, die den Treck ständig begleiteten.

Es kam zu den ersten Todesfällen. Die völlig überanstrengten Männer waren die ersten Opfer. Sie hatten über Wochen die Handkarren gezogen, die Kinder geschleppt und abends die Zelte aufgebaut. Nicht selten geschah es, daß sich einer vor Erschöpfung von einem Moment zum anderen niederlegte, um sich von dem Schwächeanfall nicht mehr zu erholen. Das Leben verlosch ganz still. Am Anfang traten die Todesfälle sehr vereinzelt auf, und sie hinterließen großen Schrecken. Mit der Zeit aber stellte sich fast eine Gewöhnung ein, denn es wurde kaum ein Lager verlassen, ohne daß ein Grab zurückblieb. Das Schrecklichste aber geschah nach dem Aufbruch: Die Wölfe kratzten die Toten aus den Gräbern, um die Leichen aufzufressen. Die Pioniere ersannen alle möglichen Mittel, um die Toten vor den Aasfressern zu schützen. Sie legten die Gräber tief an, um dann mit Wagen und Handkarren darüberzufahren und so den Boden zu befestigen. Oder sie streuten die Asche vom Feuer darüber, um den Geruch der Toten, der die Wölfe anlockte, zu überdecken.

Unter dem Tod derer, die bisher Schwerstarbeit geleistet hatten, litt die *handcart-company* besonders. Denn es waren die Väter und jungen Männer, die für das Vorwärtskommen des Trecks gesorgt hatten. Sie hatten die Kinder, Schwachen und Alten über die Gewässer gebracht. Die Flüsse im Norden der USA sind reißend und kalt. Und es gab, war die andere Uferseite erreicht, keinen Aufenthalt. „Wir hatten nicht einmal die Zeit, bei Flußüberquerungen Schuhe und Strümpfe auszuziehen", schrieb Elizabeth Sermon nach der Durchquerung des Platte-Rivers. „Wir mußten schnell hinüber, damit der Treck nicht aufgehalten wurde. In nasser Kleidung ging es weiter. Sie trocknete am Körper, in der Sonne oder dem Staub, während wir wie eine Rinderherde oder Schlimmeres dem Tal entgegenzogen. Und nun setzte der Winter mit Schnee und Frost ein." Ein anderer Teilnehmer hielt in seinen späteren Lebenserinnerungen fest, daß der Platte-River im östlichen Wyoming nahe der heutigen Stadt Casper mehr Opfer als alle anderen Hindernisse forderte. Männer nahmen Frauen auf ihre Schultern und hielten sie fest am Arm, damit die Strömung sie nicht mitriß. Die Frauen brauchten lange, um durch das bis zur Hüfte reichende, eiskalte Wasser zum anderen Ufer zu gelangen. Da die Kleider nicht gewechselt werden konnten, waren schwere Erkrankungen des Unterleibs und Lungenentzündung die Folge.

Wendy Sorensen, Darstellerin aus dem Film *Desaster am Teufelstor*, wärmt ihre Töchter Sara und Libbi nach einer Flußüberquerung.

Die Nacht der dreizehn Toten

Als die unendliche, baumlose Hochebene erreicht war, in der die Fauna nur noch aus spärlichem Gras und Salbei zu bestehen schien, setzte der Winter ein. Nun ging es kaum noch vorwärts. Die Handkarren waren trotz der inzwischen verzehrten Vorräte immer noch zu schwer. In einem Verzweiflungsakt wurde beschlossen, entbehrlichen Ballast zu verbrennen. Statt 17 sollten 10 Pfund ausreichen. Die Pioniere konnten sich noch einmal an dem Feuer wärmen, als sie Kleidung und Betten in die Flammen warfen. Dies alles zu verbrennen war allerdings eine falsche Entscheidung, denn mit dem plötzlichen Wintereinbruch hatte keiner gerechnet, und nun fehlte es an beidem. Noch lagen fast siebenhundert Kilometer bis Salt Lake City vor ihnen. Die Berge der Rocky Mountains, der schwierigste Teil der Strecke, waren noch längst nicht erreicht.

Die Tagebücher und Erinnerungen der Auswanderer sind voll von ergreifenden Szenen, die sich in den letzten Wochen innerhalb der von der übrigen Welt weitgehend abgeschnittenen *handcart-company* ereigneten. Ein Mann namens Aaron Jackson hatte sich so verausgabt, daß er

Die Nacht, nach der die Mormonen den letzten Fluß, den vereisten Sweetwater River, überquert haben, forderte zahlreiche Todesopfer. (Szene aus *Desaster am Teufelstor*)

Beerdigung von Toten der Martin Handcart Company. Nur in Decken gewickelt, wurden sie unter Schnee begraben, da der Boden zu fest gefroren war. (Gemälde von Clark Kelley Price)

zusammenbrach. Seine Familie warf alles Kochgeschirr und die letzten persönlichen Dinge fort, um den bewußtlosen Mann auf dem Handkarren transportieren zu können. Mit Hilfe anderer wurde er im nächsten Lager in ein Zelt gelegt, und seine Familie war um ihn. In der Nacht stieß ein Nachbar, der die Nachtwache übernehmen wollte, gegen Aaron Jacksons Füße. Sie waren steif. Aaron war tot. Seine Kinder und seine Frau lagen an ihn geschmiegt und schliefen fest. Als die Ehefrau in der Frühe aufwachte und mit Schrecken bemerkte, daß ihr Mann nicht mehr atmete, harrte sie die Stunden, bis das Lager erwachte, bei ihrem toten Mann aus. In der Nacht war Schnee gefallen. Es war bitterkalt.

Aaron Jackson bekam ein trauriges Begräbnis. Im Tod war er plötzlich allen eine Last. Er wurde in ein Tuch eingewickelt, denn Holz für Särge gab es nicht. In aller Eile sollte ein Grab geschaufelt werden, aber der Boden war gefroren. Aaron Jackson war nicht der einzige, der in dieser Nacht gestorben war. Für ihn und zwölf weitere wurde ein Massengrab bereitet. Es blieb nichts anderes übrig, als die Toten zusammenzulegen, unter tiefem Schnee zu begraben und zu hoffen, daß die Wölfe dieses eisige Grab nicht bemerken würden. Captain Martin feuerte mit seinem Gewehr immer wieder in die Luft, um Krähen und Bussarde zu vertreiben, die wie Aasgeier über den Gräbern kreisten.

Über diese Todesnacht schrieb später ein Mitglied der *handcart-company*, das als Kind daran teilgenommen hatte: „Unsere Rationen wurden täglich kleiner. Die Nächte wurden kälter, und manch einer setzte sich an den Wegrand und starb. Mein Vater, David Reeder, fing früh am Morgen an und zog den Handkarren, bis er nicht mehr konnte. Er hatte dies Tag für Tag getan, bis er am 7. Oktober 1856 nicht mehr aufstand. Er wurde tot auf seinem Lager gefunden, und der Lagergefährte hatte in der Nacht nichts bemerkt. Meine Schwester war damals siebzehn. Sie war völlig erschöpft, ruhte sich aus. Sie war ganz unterkühlt, lehnte sich an ihr Bündel mit Sachen. Sterbend wurde sie ins Lager gebracht. Sie kam nicht mehr zu Bewußtsein, sondern starb. Ihr Tod traf uns schwer, aber wir mußten weiter, denn das Wetter drohte noch schlechter zu werden und die Nächte noch kälter. Wie meinem Vater und meiner Schwester erging es auch anderen. Dreizehn wurden nach dieser Nacht begraben."

Das Sterben ging weiter. Da das Ausheben von Gräbern in der Frühe wegen des nächtlichen Frostes nicht möglich war, ging man dazu über, am Abend Gräber für den nächsten Morgen auszuheben. Ein *burying squad,* ein Grabkommando, wurde aufgestellt und mit dieser Aufgabe betraut. Durch den Tod so vieler Männer fehlten kräftige Leute, die Zelte aufstellen konnten. Vor Erschöpfung verbrachten viele die Nächte im Freien - auf dem verschneiten Boden, unter spärlichen Decken oder in Zeltplanen gehüllt.

Auch Elizabeth Sermon hat in ihrem Brief die schrecklichen Tage erinnert: „Euer Vater konnte kaum noch laufen. Er ging von einem Wagen zum anderen, aber niemand nahm ihn auf. Die Zugochsen waren am Ende. Euer Vater hielt sich an meinem Arm, zog mit mir ein Stückchen. Dann fiel er hin, dann versuchte er es wieder. Und so zogen wir vorwärts. Bruder David Kimball brachte uns über einen Fluß. Euer Vater segnete ihn. Nachdem das Essen ausgegangen war, blieben viele in ihren Zelten, viele, um zu sterben. Ich dachte immer, ich würde es bis zum Salt Lake schaffen, und versuchte mit aller Macht, euren Vater aufzurichten. Aber er war am Verhungern. Er war an ein bequemes Leben gewöhnt und konnte diese Strapazen nicht ertragen."

Die Rettung naht

Das Schneetreiben wollte nicht nachlassen, so daß der Treck gezwungen war, ein Lager aufzuschlagen und sechs lange Tage abzuwarten. Länger konnte man nicht ausharren, denn das wenige Vieh verhungerte. Die Nahrungsvorräte waren erschöpft. Die Anzahl der Toten belief sich bereits auf 56. Elizabeth Sermon: „Ich bekam meine Mehlration, setzte die Kinder ans Feuer und machte ihnen das Bett auf dem Boden. Das Zelt war gefroren und der Boden vereist, so daß wir das Zelt nicht aufstellen konnten. Ich war zu schwach. Wir gingen ohne Essen schlafen, damit wir mehr zum Frühstück hatten. Ich röstete Rinderleder auf dem Feuer und kaute darauf herum. Es nahm einem ein bißchen den schrecklichen Hunger, den ich heftig verspürte."

Die Kirchenvorstände in Salt Lake City waren erst sehr spät alarmiert worden und begannen nun in großer Hast, Rettungsmannschaften auszuschicken, die sich auf die Suche nach den in Schnee und Eis Verschollenen machten. Präsident Brigham Young, der „Prophet", hielt eine feurige Rede, in der er jedem die Hölle versprach, der nicht bereit war, alles zu tun, um die Glaubensgenossen zu retten. Aber Hilfe war aufgrund der Wetterbedingungen schwer zu leisten. Nach der Zwangspause durch den extremen Schneefall sammelten die Mitglieder von Martins *handcart-company* noch einmal alle Kräfte, um weiter nach Westen zu ziehen. Sie wußten, daß ihnen sonst der Tod sicher wäre. Am 28. Oktober 1856, mehr als drei Monate nach dem Aufbruch in Iowa City, sahen sie am westlichen Horizont Reiter auf sich zukommen. Es waren drei Kundschafter der Rettungsmannschaften, die unter Tränen und Jubel empfangen wurden und verkündeten, zehn Wagen mit Proviant und Kleidung stünden an dem alten Handelsposten bei Devil's Gate, dem Teufelstor, bereit. Der alte Pioniergeist loderte angesichts der nahen Hilfe bei einigen nochmals auf, obwohl die körperliche Verfassung ein Bild des Schreckens bot. Andere zweifelten an dem Sinn des ganzen Unternehmens.

Die Erlösung schien nah. Doch ahnte niemand, daß selbst die wenigen Meilen zu den Rettern erneut einer Höllenfahrt gleichkommen würden und daß das Ende der Qualen noch nicht erreicht war. Elizabeth Sermon: „Sie sagten, es wären noch 70 Meilen zu einem Wagen-Lager, das zu unserer Rettung errichtet worden wäre, wo es Essen und Kleidung gäbe. Euer Vater schien sich nach dem Essen und der neuen Kleidung ein wenig zu erholen. Er rief euch Kinder und sagte, ihr solltet gute Kinder sein und alles tun, was ich euch sagte. Und dann sprach er: ‚Gott segne dich, Eliza, du hast mir das Leben gerettet. Ich will versuchen, durchzuhalten und bis zu den Wagen zu kommen.'"

Den Rettern, die zu dritt den vielen im Treck kaum helfen konnten, hatte sich ein Bild des Grauens geboten: abgemagerte Figuren, die sich kaum aufrecht halten konnten, die Beine, manchmal der ganze Unterleib, dick angeschwollen, vereiterte Blasen, Knochen, die bloß lagen, Lumpen um die Füße gewickelt, weil keine Schuhe oder Stiefel mehr darum paßten, von Hitze und Sonne verbrannte Haut, Schmerzen, Durchfall. Vielen waren Teile der Gliedmaßen erfroren, so daß sie nicht mehr gehen konnten und auf Handkarren gelegt wurden. Der Treck war Meilen auseinandergezogen. Alte zogen Handkarren mit Kranken, Frauen ihre erschöpften Ehemänner, Kinder stolperten mehr, als daß sie gingen, durch Schnee und Morast, manche barfuß oder nur in Lumpen, die Knöchel und Zehen blutig geschunden. Nachts fror der Matsch an Kleidern und Füßen fest. Höchstens ein Drittel der Mitglieder der *handcart-company* war physisch noch in der Lage zu gehen.

Angesichts der nahen Rettung war das Schicksal von Elizabeth Sermons Ehemann besonders tragisch. Die Aufzeichnungen von diesem Tag gehören zu den erschütterndsten Berichten derer, die versucht hatten, ihr „Gelobtes Land" zu erreichen. „Aber bald danach", schrieb sie, „angesichts der winzigen Zuteilungen an Essen, versagten seine Kräfte. Es war drei Uhr in der Nacht, als er seinen Arm um mich legte und sagte: ‚Ich bin am Ende', und tat seinen letzten Atemzug. Ich rief Bruder John, und sie nähten ihn in seiner Kleidung in eine Decke ein. Die Stiefel nahm ich und zog sie an. Seinen Mantel gab ich meinem Sohn John, um ihn warm zu halten ... Am frühen Morgen wurde euer Vater mit acht anderen in einem Grab von Schnee beerdigt. Ich stand wie eine Statue, verwirrt, Tränen, Kälte schüttelte mich. Auch jetzt, da ich dieses niederschreibe, kriecht Kälte über mich, und es ist, als könnte ich noch immer die Wölfe sehen und hören, die auf die Toten warteten, kaum daß wir das Lager verlassen hatten."

Nach dem Tod ihres Mannes plagte Elizabeth Sermon das schlechte Gewissen. Sie hatte ihn einen Weg zu gehen gezwungen, den er nicht gehen wollte. „Your poor father's suffering always pained me", „die Leiden von eurem Vater haben mich immer gequält", gesteht sie in dem Brief an ihre Kinder.

Die drei Reiter des Rettungskommandos spannten ihre Pferde vor einige Handkarren, um den am meisten geschwächten Familien zu helfen. In der kommenden Nacht mußten die Helfer mit ansehen, wie das Sterben weiterging. Sie beschlossen, am nächsten Morgen sofort nach Devil's Gate zu reiten, um die Hilfe für den ankommenden Treck vorzubereiten. Der Captain des Rettungskommandos bei Devil's Gate ließ sofort an-

Die letzten beiden *handcart-companies* wurden im Oktober 1856 in Wyoming vom Wintereinbruch überrascht. In der Nähe von Devil's Gate starben allein in einer Nacht 13 Menschen an Erfrierungen und Auszehrung. (Gemälde von Barna Meeker)

spannen und zog mit den Versorgungswagen dem Handkarren-Treck entgegen, der für den Rettungskonvoi unter guten Wetterverhältnissen nur noch eine Tagesreise entfernt gewesen wäre. Am 1. November, nur wenige Meilen vor dem Ziel, zwang wiederum schwerer Schneefall zum Anhalten. Noch einmal sollte ein Lager aufgeschlagen werden. Die kraftlos gewordenen Männer benutzten Küchenpfannen, die sie kaum halten konnten, um im Schnee Plätze für die Zelte freizuschaufeln. Es kostete sie Stunden, die einfachsten Arbeiten auszuführen. Der Boden war steinhart gefroren, so daß sie die Zeltstangen nicht in die Erde treiben konnten. Manche legten sich einfach unter einem Knäuel von Tuch, Seilen und Zeltstangen nieder und ließen zu, daß der Schnee sie zudeckte.

„In der Nacht gab es wieder Tote. Schließlich erreichten wir die Wagen, die man uns entgegengeschickt hatte", schrieb Elizabeth Sermon. „Einige Tage fuhren wir von früh bis spät und bekamen ein wenig mehr zu Essen. Ein schwerer Sturm kam auf. Meinem ältesten Sohn John und dem Nächstältesten erfroren die Füße. Ihr Vater war tot. Meine Füße schmerzten schrecklich. Dennoch dachte ich, ich darf nicht sterben. Der erste Gedanke an den Tod galt mir, und das schmerzt noch heute meine Seele. Ich mußte Robert einen Teil der Füße entfernen, wo das Fleisch faulte. Jeden Tag mußte ich ihm etwas abschneiden, bis der arme Junge seine Füße ganz verlor. Dann litt John unter Erfrierungen und ich auch, aber Gott sei Dank mußten wir nicht so behandelt werden wie Robert."

Dann erreichten sie endlich den alten Handelsposten bei Devil's Gate. Die Freude darüber war nur kurz, denn die Witterungsverhältnisse machten den Aufenthalt von mehreren Hundert Leuten an diesem Platz unmöglich. Um zu einem geschützten Ort, einer nur wenige Meilen entfernten Talnische, die heute „Martin's Cove" genannt wird, zu gelangen, mußte der Sweetwater-River durchquert werden. Auf seiner Wasseroberfläche trieben Eisbrocken. Drei achtzehnjährige Jungen, die heute noch bei den Mormonen wie Märtyrer verehrt werden, brachten fast alle Teilnehmer der *handcart-company* durch die eisigen Fluten ans andere Ufer. Alle drei trugen so schwere gesundheitliche Schäden davon, daß sie noch in jungen Jahren starben.

Die lang ersehnte Rettung war zwar erfolgt, und von nun an gab es vor allem große Wagen, die die Kranken und Verwundeten aufnehmen konnten. Ein Ende der Leiden war aber noch nicht in Sicht, und in den folgenden Tagen starben viele an den Folgen der Strapazen.

Der Einzug in Zion

Von der Ankunft der Rettungsmannschaften bis zum Ende der Reise sollte noch einmal ein ganzer Monat vergehen. Dabei wurde nur eine Entfernung zurückgelegt, die heute mit dem Auto kaum mehr als vier Stunden

Fahrt beansprucht. Erst am 30. November 1856 um neun Uhr abends erreichte die fünfte *handcart-company* unter Captain Martin Salt Lake City, das Zion der Mormonen. Fast jeder der Teilnehmer hatte Erfrierungen erlitten. Ein junges Mädchen zog stolz mit seiner Familie in die Stadt ein. Als es den Wagen öffnete, bemerkte es, daß seine Mutter in den letzten Minuten der Reise gestorben war.

Elizabeth Sermon, die 36 Jahre alt war, schreibt über ihre Ankunft in Salt Lake City: „Bruder Patton nahm uns in seinen Wagen. Wir zogen durch den Emigration Canyon, wo uns Hunderte von Leuten auf Buggies, Wagen und auf Pferden begrüßten. Ich kam ziemlich zum Schluß, mein Fall war erbarmungswürdig. Es war kein Wunder, daß niemand uns wollte. Schließlich sah ich einen jungen Mann, den ich aus unserer Heimat kannte. Wir hatten die Kindheit zusammen verlebt. Ich kannte ihn, aber er erkannte mich nicht. Ich sah aus wie eine siebzigjährige Frau, erschöpft, ausgemergelt, die Füße erfroren, unfähig zu laufen. Meine Kinder konnten nicht gehen. Wer sollte uns wollen? Ich war zerschmettert. Aber ich rief ihn. Er glaubte mir nicht, daß ich vor ihm stünde. Wie sollte er?“

Zug von Handkarren durch Salt Lake City anläßlich der Feierlichkeiten 1997 zum 150. Jahrestag der Stadtgründung durch die Mormonen.

Über ihr weiteres Leben ist wenig bekannt. Elizabeth Sermon heiratete 1860, vier Jahre nach der Ankunft in Salt Lake City, einen Mormonen namens Robert Camm. 1868 siedelten sie in der Nähe der Stadt Logan. Als ihr Mann einige Jahre später, auf der Höhe der Bigamie der Mormonen, drei schottische Mädchen nach Hause brachte, die er möglicherweise heiraten wollte, warf Elizabeth deren Sachen auf die Straße und verjagte sie. Anscheinend ließ sie sich nicht auf die von der Führung der Mormonen propagierte Vielweiberei ein. Später verließen Elizabeth und ihr Ehemann Utah und zogen nach San Francisco. Kurz vor ihrem Tod verfaßte sie den Brief an ihre Kinder, um die fast vierzig Jahre zurückliegende Reise durch die Hölle zu schildern. Sie starb am 4. Februar 1893 im Alter von 73 Jahren.

Ein Sechstel der rund 500 Teilnehmer der Martin-Company hatte den Treck nicht überlebt. Bei den Mitgliedern der Willie-Company, die etwas früher eingetroffen war, hatte es ähnlich viele Todesfälle gegeben. Noch nach der Ankunft in Salt Lake City sollten weitere an den Folgen der Entbehrungen und Krankheiten sterben. Viele blieben für den Rest ihres Lebens Krüppel. Mit mehr als zweihundert Toten war die Wanderung der

handcart-companies eines der dramatischsten Kapitel der Besiedlung des Westens von Amerika.

Der Versuch von 1856, mit Handkarren in den Westen der heutigen USA zu ziehen, blieb einzigartig. Die Geretteten, die das ihnen verheißene Land erreichten, wurden wenige Jahre später Zeugen vom Bau der Eisenbahn. Die Entfernung von Iowa City zum Tal des Großen Salzsees, für die Handkarren-Trecks ein Marsch von vier Monaten, war bequem in zwei Tagen zu bewältigen. Vielen mußte die heroische Kraftanstrengung angesichts der neuen Verkehrswege als sinnloses Opfer vorkommen. In der kurzen Kirchengeschichte der Mormonen werden die Pioniere der *handcart-companies* von 1856 als Märtyrer gefeiert.

Die City Hall von Salt Lake City heute. Der Traum vom „Neuen Jerusalem“ im Tal des Großen Salzsees scheint sich für die Nachfahren der Mormonen-Pioniere erfüllt zu haben. Utah mit seiner Hauptstadt Salt Lake City ist einer der reichsten Staaten der USA, und die Mormonen sind noch immer der tonangebende Teil der Bevölkerung.

Der eiskalte Traum

„Wir finden, daß wir getrost sterben können, nachdem wir das geleistet haben.“

Aus dem Tagebuch des Salomon August Andrée

Es muß eine Sternstunde für die Presse gewesen sein, damals, im Sommer 1930. Ein ganz märchenhaftes Abenteuer für einen Journalisten. Ein atemberaubender Traum. Ein wahrer Schatzfund!

Da steht ein Zeitungsmann, der eben noch in seinem Büro das „Neueste vom Tage“ redigierte – Knut Stubbendorff ist sein Name –, plötzlich auf einem schwankenden Fischdampfer mitten im Nordatlantik und hält wasserdurchweichte Papiere in der Hand, ganz besondere Papiere. Es sind Nachrichten, auf die die Weltöffentlichkeit seit 33 Jahren gewartet hat: der authentische Bericht von drei verschollenen Pionieren, die ein Menschenalter zuvor aller Welt das Staunen lehren wollten und dabei tödlich scheiterten.

Mehr als drei Monate kämpfte der schwedische Ballonpionier Salomon August Andrée in der arktischen Eiswüste ums Überleben. (Szenenbild)

Die Sätze, die der Reporter Stubbendorff in seiner dürftigen Kajüte teils mühsam entziffert, teils atemlos überfliegt, sind Tagebuchnotizen. Selbstzeugnisse von Verschollenen, die ihren erschütternden Kampf gegen das Sterben in Schnee und Eis minutiös schildern. Nichts weiß die Welt bislang davon. Alles war bisher ein Rätsel, seit diesem verhängnisvollen 11. Juli 1897, als über der Däneninsel im nördlichen Spitzbergen ein Gasballon drei wagemutige Gestalten in die feuchte Diesigkeit des Polarhimmels entführte. Das war damals ein übernationales Ereignis, eines, von dem die Zeitungen in aller Welt berichteten und von dem man noch Jahre und Jahrzehnte später erzählte. Schweden waren es, mutige Männer, wie man so sagt, die als erste den Nordpol bezwingen wollten. Ausgestattet mit ihrem Fluggerät und dem modernsten Know-how, das das vorige Jahrhundert zu bieten hatte. War ihr Sieg über den Nordpol, über diese letzte unberührte Naturbastion, damals nicht geradezu greifbar nahe? Und war ihr Verschwinden daher nicht um so rätselhafter? Waren die drei denn nicht voller Gewißheit aufgebrochen, das Ende des Jahrhunderts mit der Erforschung des letzten weißen Fleckens auf der Landkarte krönen zu können?

Das ausgehende 19. Jahrhundert - das war eine Zeit bahnbrechender Erfindungen und Entdeckungen. Eine technische Ära, eine Zeit der Wissenschaftsgläubigkeit, angefüllt mit der schönen Hoffnung auf eine bessere Zukunft. Es war die Epoche der Fortschrittsphantasien und Sozialutopien, der frischen Ideen, die noch ungebrochen waren von den bitteren Erfahrungen und Enttäuschungen, die das 20. Jahrhundert bereithalten sollte. Selbst die entlegensten Wüsten hatte man abenteuerlustig durchforscht und die Quellen des Nils entdeckt; man war mit Preßluft in die Tiefe der See vorgedrungen und legte Schienen in die entferntesten

Genau hundert Jahre nach der Pionierleistung: Unser Heißluftballon steigt am historischen Ort von der Däneninsel auf. Im Vordergrund das Schiff des Abenteurers Arved Fuchs, mit dem Mannschaft und Ausrüstung in diesen abgelegenen Zipfel der Inselgruppe Spitzbergen gebracht wurden.

Winkel der Erde. Und nun das: Der Ingenieur Salomon August Andrée, Nils Strindberg, wissenschaftlicher Assistent an der Technischen Hochschule Stockholm, und der Straßen- und Wasserbauingenieur Knut Hjalmar Ferdinand Fraenkel – diese drei wollen den Nordpol erobern. Mit einem Gasballon, den sie auf den stolzen Namen *Adler* getauft haben. Eine streng wissenschaftliche Exkursion soll es werden – und doch gerät alles zu einer überhitzten Heldentat, die in der Katastrophe endet.

Um ihr Ziel zu markieren, halten sie eine Wurfboje bereit; sie hat einen ausgeklügelten Mechanismus, der beim Aufprall auf das Eis die schwedische Flagge hervorschnellen läßt. Amerikanische Dollar und russische Rubel klimpern in ihren Taschen – die drei werden schon sehen, wohin sie der Wind nach der Polüberquerung treiben wird, vielleicht nach Amerika, vielleicht nach Rußland. Ob Alaska oder Sibirien – man wird sich

Die drei Pioniere (von links nach rechts): Knut Hjalmar Ferdinand Fraenkel, Salomon August Andrée und Nils Strindberg, ein entfernter Verwandter des berühmten schwedischen Schriftstellers August Strindberg.

überraschen lassen und ist für jeden Fall gerüstet. Der Ballon, der auf der Däneninsel startet, trägt nicht nur die Männer in den Himmel, sondern mit ihnen auch allen Optimismus dieser Welt.

Und was war dann? Nichts mehr – 33 lange Jahre! Oder besser: fast nichts. Eine Brieftaube trägt noch eine kurze Meldung aus der Ballongondel in die Welt der Daheimgebliebenen. „Ans Abendblatt, Stockholm", steht da. „Den 13. Juli 12.30 Uhr mittags. 82° 2' Br. 15° 5' ö. L. Gute Fahrt. Richtung Ost 10° Süd. An Bord alles wohl. Dies ist die dritte Taubenpost." Jahre später werden noch vier weitere, ähnlich kurze Mitteilungen in Flaschenpostbehältern an die Küste gespült – aber da leben die drei Pioniere längst nicht mehr. Auch der riesige Ballon, genäht aus zwei- und dreifach gelegter Seide und doppelseitig lackiert, der der ganze Stolz der Pariser Herstellerfirma Henrie Lachambre ist, bleibt verschwunden – und mit ihm drei Tonnen Ausrüstung.

Was ist geschehen? Der große Traum hat sich wahrhaftig in Luft aufgelöst. Geschluckt vom erbarmungslosen Weiß der Eiswüste. Vielleicht sind die drei abgestürzt und versunken? Vielleicht zermalmt von der mächtigen Gewalt sich auftürmender Eisschollen? Oder zugedeckt von furchtbaren Schneestürmen? Wer weiß.

Stubbendorff weiß es jetzt. Vorsichtig hat er die gefrorene Papiermasse aufgetaut und trennt nun mit aufgeregten Fingern Seite um Seite der Tagebücher. Mit einem Taschenmesser löst er die zusammengequollenen Fetzen. Bei Gott, er ist kein Konservator, er hat keine Erfahrung im Umgang mit nassem und angeschimmeltem Schreibpapier, das über drei Jahrzehnte in Eis, Regen, Sonne und Sturm gelitten hat.

Das letzte Tagebuch Andrées fand man 33 Jahre nach seinem Tod in der Brusttasche des Leichnams.

Nachricht von den Toten

Die einzelnen Seiten trocknet er auf Löschpapier; je mehr Feuchtigkeit weicht, um so deutlicher treten die Bleistiftlinien hervor. Stubbendorff entdeckt eine Skizze Strindbergs, die alle möglichen Standorte inmitten der Eiswüste genau angibt. Und eine Zeichnung von der behelfsmäßigen Eishütte, in der die Pioniere vergeblich zu überleben versuchten. „Aus den Aufzeichnungen sprachen die Männer selbst zu mir als Menschen, als Helden", gibt er später zu Protokoll, und seine Worte durchzieht die taumelnde Begeisterung des Goldgräbers, der einen Schatz gefunden hat. Mitten auf dem Nordatlantik, verborgen vor der Welt, in einer stickigen Kajüte. Er und die Tagebücher. Schwer rollt der Trawler in der See, und im dunstigen Schein der Petroleumlampe steigen sie vor ihm auf: die traumatischen Bilder von Hoffnung und Enttäuschung, Triumph und Untergang. Von lockender Illusion und bitterer Wirklichkeit. Die ganze furchtbare Wahrheit.

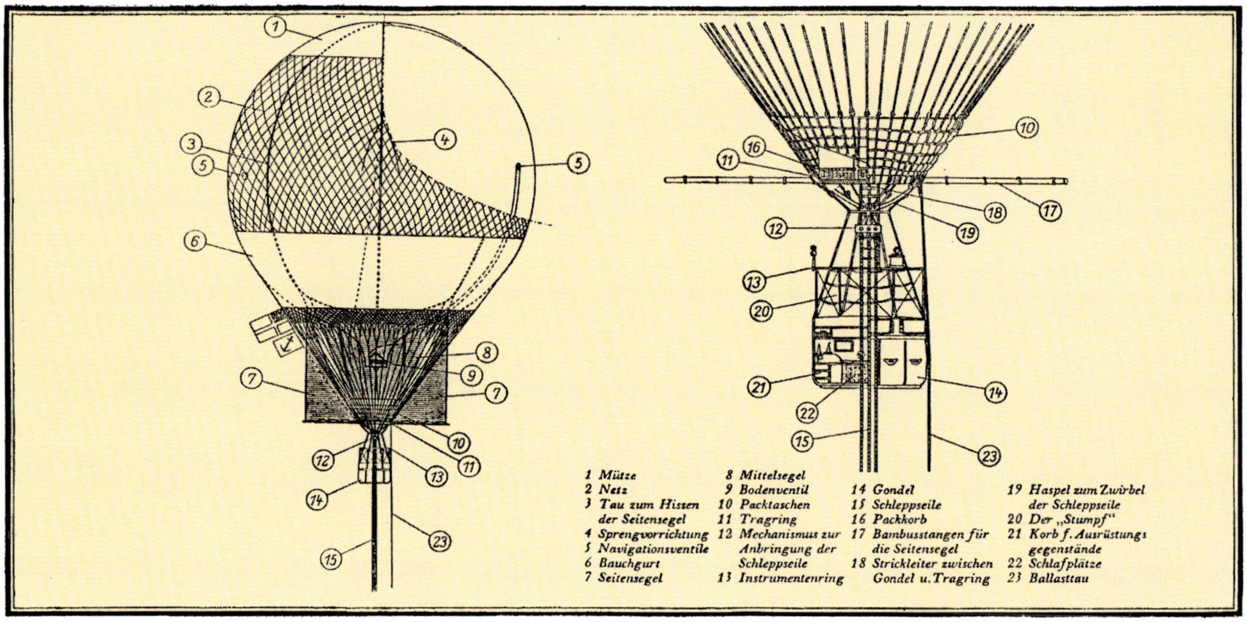

Schematischer Aufriß des *Adlers* nach den Konstruktionszeichnungen Andrées.

„Ich las, von den Toten selbst niedergeschrieben, eine ganze Schilderung des ‚Abenteuers'" – so nennt Stubbendorff die Tragödie, denn er denkt und erlebt wie ein Journalist. „Unerwartete und erstaunliche Einzelheiten waren da berichtet. Ich konnte den Ballon auf seinem Flug über das Eis verfolgen, sah im Geist das tückische und grausame Spiel, das während der nächsten drei Monate bis zum 17. September 1897 Strömung und Treibeis mit den Menschen gespielt hatten; las, wie sie am 17. September die Insel Vitö entdeckten, wie am 2. Oktober ihre Eisscholle barst. Nie in meinem Leben hat sich vor mir eine so ergreifende Handlung Akt um Akt abgespielt." Der Tod als Abenteuer.

Der Tod als Abenteuer? In dem kleinen Örtchen Gränna in Mittelschweden, wo am 18. Oktober 1854 Salomon August Andrée geboren wurde, steht ein nach ihm benanntes Museum. Alles, was man 1930 an Expeditionsresten geborgen hat, von der Locke der Verlobten, die man in Strindbergs silbernem Talisman fand, bis hin zum Eisbärknochen, an dem die Todgeweihten nagten, hat man dort zusammengetragen. Reliquien eines nationalen Erbes.

Den alten Sextanten, mit dem die drei ihre Positionen ermittelten, die sie sorgfältig bis zuletzt in ihr Reisetagebuch eintrugen – „gestochen sauber wie an einem Schreibtisch in der warmen Stube geschrieben", wie Stubbendorff später beeindruckt feststellte; die Trinkbecher aus Aluminium, dem damals brandneuen High-Tech-Material; die Reiseapotheke mit dem Opium, das die schweren Magenkrämpfe Fraenkels linderte; Zitronensäuretabletten, von denen man sich damals irrtümlich einen Schutz

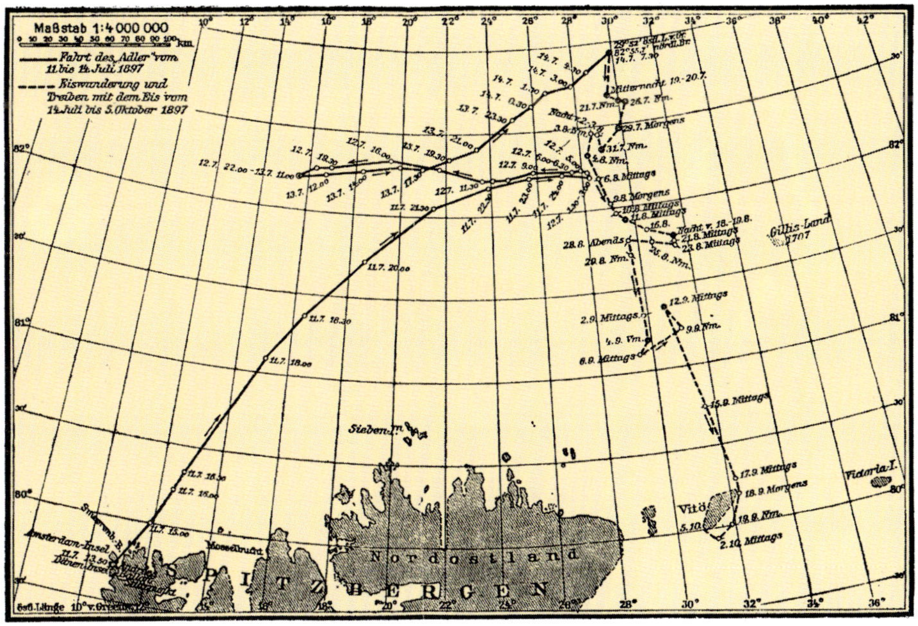

Die Flugroute des Ballons (durchgehende Linie) und der neunwöchige Eismarsch (gestrichelte Linie) der drei Pioniere, rekonstruiert nach den Tagebuchaufzeichnungen.

gegen Skorbut erhoffte; das Taschenmesser mit dem eingravierten goldenen Herzen; sogar die zwei Eintrittskarten der Stockholmer Technischen Ausstellung, die Strindberg kurz vor seiner Abreise mit der Verlobten besuchte. Es sind alles andere als Kostbarkeiten. Aber gerade in seiner Schlichtheit rührt dieser Krimskrams wie ein letzter Rest von Leben. Es ist, als ob Andrée gerade Sätze gekritzelt hätte wie diese: „Werden die Menschen uns für verrückt halten oder unserem Beispiel folgen? Ich kann nicht leugnen, daß uns alle drei ein Gefühl des Stolzes beherrscht. Wir finden, daß wir getrost sterben können, nachdem wir das geleistet haben."

Trotziger Übermut

„Vielleicht treibt uns nur ein überspanntes Persönlichkeitsgefühl, vielleicht können wir es nur nicht ertragen, in Reih und Glied mit dem Durchschnitt zu leben und zu sterben, von kommenden Geschlechtern vergessen zu werden", sinniert Andrée in seinem Tagebuch am 12. Juli 1897 kurz vor Mitternacht, während der Gasballon ihn noch zuverlässig über die Eisschollen des Polarmeeres trägt. „Nennt man das Ehrgeiz?"

Ja, das nennt man Ehrgeiz! Und der junge Apothekerssohn aus der Provinz ist voll davon. Mit kaum 22 Jahren – das Examen der Technischen Hochschule Stockholm hat er längst in der Tasche – zieht es ihn nach Philadelphia, zur Weltausstellung 1876. Der Auftritt des alten Ballonfahrers Wise, der dort von seinen über 400 Aufstiegen berichtet, entzündet in Andrée eine Leidenschaft, die ihn nicht mehr loslassen wird.

Andrée ist ein Mann, der aufs Ganze geht. Seine Faszination trägt Züge von Besessenheit und Rücksichtslosigkeit – vor allem gegen sich selbst. Er gehört zu den modernen Asketen, die in der neuen Technik ihre neue Religion entdecken.

Andrée kehrt nach Stockholm zurück. Und in den nächsten Jahren, in denen er zügig Karriere macht und zum Leiter der Technischen Abteilung des Patentamts aufsteigt, arbeitet er intensiv an dem Problem der Ballonsteuerung. Er ist Bannerträger eines neuen Bewußtseins, das nach vorne blickt und an die Vervollkommnung des Menschengeschlechts durch technischen Fortschritt glaubt. „Wir gehen einer Zeit entgegen", so schreibt er einmal euphorisch, „in der die Wissenschaft weit hinter die Technik zurücktreten wird. Der Techniker wird in alle Geheimnisse eindringen und wird Probleme lösen, an die der Gelehrte nicht einmal gedacht hat."

Ehre und Geld

Andrées Begeisterung ist ebenso überschäumend wie zielgerichtet. Seine Versuche, den Ballon, der normalerweise manövrierunfähig vor den herrschenden Winden hergetrieben wird, mittels nachgezogener Schleppleine und eines kleinen Windsegels steuerbar zu machen, sind vielversprechend. Zu allerlei wissenschaftlichen Zwecken läßt sich so ein Flugkörper nutzen, wenn man ihn nur ein wenig steuern kann. Für Wetterbeobachtungen zum Beispiel. Für Untersuchungen in der Atmosphäre. Für die Luftbildfotografie. Aber in der Gondel zum Nordpol? Wer käme denn auf eine so verrückte Idee?

Es ist der späte Abend des 16. März 1894. Da wird der große Plan geboren. Von zwei Männern, die gewohnt sind, durchzusetzen, was immer sie planen. Zwei kindliche Träumer, die sich selbst für Realisten halten. An diesem Abend bittet der gefeierte und in Schweden hochangesehene Polarforscher A. E. Nordenskiöld den „verehrten Herrn Kollegen" Andrée, ihn auf dem Heimweg von einer Sitzung der Geographischen Gesellschaft zu begleiten. Gleich kommt der großgewachsene, wettergegerbte Mann zur Sache: Seit Jahrzehnten schon trete die Polarforschung auf der Stelle. Man müsse vielleicht ganz andere, neue Wege gehen. Das habe er, Baron Nordenskiöld, sich schon oft gedacht. Schon lange trage er sich mit dem Gedanken, einen Fesselballon zu Beobachtungen oder kartographischen Aufnahmen auf seinen Expeditionen einzusetzen. Er, Andrée, sei doch Ballonspezialist, und vom Eis verstehe er doch auch eine ganze Menge seit seiner Assistentenzeit in einer Polarstation. „Also, Andrée, was sagen Sie?"

Jetzt ist der Oberingenieur in seinem Element. Und aus dem Feuer der Begeisterung entwickelt sich wie von selbst der Plan. Keine Frage, ein Gasballon eröffnet auch der Polarforschung ganz neue Möglichkeiten, soviel steht fest! Andrée ist sich sicher. Daten über Daten. Fluggeschwindigkeit. Tragfähigkeit. Windverhältnisse. Nordenskiöld ist beeindruckt. Ob nicht sogar eine Fahrt im Ballon möglich sei, die bis zum Nordpol führe? Warum denn nicht!

So entstehen Träume, aus denen es kein Zurück mehr gibt. Die Sache entwickelt ihre eigene Dynamik. Allzu verführerisch besticht die Idee, den ungelösten Problemen einer Polüberquerung ein Schnippchen zu schlagen. Hatten sie es bisher nicht mit allen Mitteln, aber dennoch vergeblich versucht? Mit dem Schlitten, zu Fuß, unter entsetzlichen Qualen. Aber ist es nicht eine nationale Pflicht, daß einer schwedischen Expedition endlich als erster das Kunststück gelingen müßte? Alles eine Frage der Ehre?

Alfred Nobel (1833–1896), Stifter des nach ihm benannten Preises, gehörte zu den begeisterten Verfechtern der Ballonexpedition.

Dem berühmten Alfred Nobel gefällt die Idee einer Ballonfahrt so gut, daß er die Hälfte der Kosten übernehmen will. Später wird sogar seine Majestät persönlich, der schwedische König Oskar II., noch 30 000 Kronen beisteuern. Alles wird ganz schnell konkret, schließlich ist man der exakten Wissenschaft verpflichtet. Bis auf hundert Kronen genau rechnet Andrée bei einem Vortrag in der Akademiesitzung am 13. Februar 1895 den staunenden Zuhörern vor, was so ein Unternehmen kosten würde: exakt 128 800 schwedische Kronen nämlich. 36 000 für den Ballon, 15 000 für den Hangar, den man in Spitzbergen bauen wird und in dem der Ballon auf das geeignete Wetter warten soll. Das Wasserstoffgas wird man vor Ort erzeugen. Kosten: 18 400 Kronen. Zwei Fotoapparate inklusive 3000 Platten, Instrumente, Karten, Verpflegung, elektrische Batterien, Frachtkosten und sonstiges, noch einmal 59 400 Kronen.

Kann man einen Traum bilanzieren? Aber Andrée weiß ja nicht, daß er träumt! Er glaubt doch, niemals zu träumen. Für ihn ist immer alles Wirklichkeit, streng wissenschaftliche, überprüfbare Wirklichkeit!

Ein Mittsommernachtstraum

Es ist ein bißchen wie im Winter am Tegernsee. Nur daß die Bäume fehlen. Wir sind mit dem Schlauchboot genau dort gelandet, wo Andrée, Strindberg und Fraenkel vor 100 Jahren ihren Ballonhangar erbauten, auf der Däneninsel. Im äußersten nordwestlichen Zipfel der Inselgruppe Spitzbergen, kaum noch 650 Seemeilen vom geographischen Nordpol entfernt. Wenn hier am Rande des Polareisgürtels ein Sturm aus West losbricht, dann gnade Gott. Dann ist da nichts mehr als das wilde Heulen des Windes, als peitschende Schnee- und Regenschauer, die die Hand vor Augen nicht mehr sehen lassen und in die sich die kalte Gischt der meterhohen Wellen mischt. Nichts hält in diesen Breiten die Macht des Nordatlantiks auf, der hier Hunderte von Seemeilen ausholt, bevor er seine

Mitternachtssonne am Eisgürtel. Von hier aus sind noch etwa tausend Kilometer bis zum geographischen Nordpol zurückzulegen.

gigantische Brandung gegen die Küste schleudert. Und wenn dann der Polarwinter mit Temperaturen um 30 Grad minus kommt, wenn dann alles über Monate in das Schwarz einer ewigen Nacht gehüllt ist und sich am Eisgürtel Eisschollen berghoch und krachend auftürmen, dann ist diese Welt so lebensfeindlich wie ein fremder Planet. Ein Ort, an dem niemals eine menschliche Besiedelung versucht wurde, weil sie nicht die geringste Chance gehabt hätte.

Von diesem kargen Ort aus ließ also Andrée seine Vision in den Himmel steigen, ein Traum vom Fliegen, der mindestens dreißig Jahre zu früh kam. Erst 1926 schaffte die *Norge* – ein motorisiertes, lenkbares Luftschiff – den ersten Flug über den Pol. Mit einem Ballon von Spitzbergen aus den Nordpol zu erreichen – das aber blieb bis zum heutigen Tage eine unerfüllte Utopie.

Genau hundert Jahre ist es nun her, daß die drei schwedischen Pioniere von dieser Stelle aus starteten. Grund genug, es ihnen – in Erinnerung an ihren Mut – nachzutun. Seit unserer Abfahrt hatte unser Ballonexperte

Franz Taucher die vielen Gespräche an Bord immer wieder mit dem gleichen Satz beendet, mal lachend und mit erwartungsvollem Stolz, mal eher nachdenklich murmelnd: „Es ist schon etwas ganz Besonderes ..."

Ja, es ist sicher etwas Besonderes, zum erstenmal seit 100 Jahren von dieser Stelle aus in den Polarhimmel zu starten. Darin liegt ein sentimentaler Zauber und sicher auch eine ganze Portion kindlicher Abenteuerlust, die nie schadet; aber auch größtmögliche Nähe zu den Ereignissen vom 11. Juli 1897 verspricht eine solche Aktion. Denn haben wir nicht mit den gleichen Problemen zu kämpfen, wie sie einst Andrée und seine Gefährten zu meistern hatten? Der Wind, die Kälte, die Abhängigkeit von unseren Bordmitteln, die handwerkliche Mühsal fernab jeder Zivilisation - all das ist jetzt mit Händen zu greifen.

Und genau wie einst Andrée, so läßt nun auch Franz Taucher einen jener roten Testballons fliegen, die anzeigen sollen, welche Windverhältnisse in den oberen Luftschichten herrschen. Und ebenso wie einst die drei befällt uns nun kribbelnde Nervosität, als wir dem Mini-Ballon gespannt nachschauen, der immer kleiner wird im endlosen blauen Raum, bis er schließlich ganz in ihm versunken ist.

Das war genau so ein Tag, dieser 11. Juli 1897. Schon früh am Morgen erkundet Andrée die Windverhältnisse. Der Wind kommt aus Süd. Der Himmel wird zunehmend heiterer, und der stärker werdende Wind treibt die Wolken immer rascher vor sich her. Gewiß, die heftigen Böen könnten ein Problem beim Start werden, aber ansonsten sind die Bedingungen für einen Aufstieg ideal. Mit so einem Wind kann man in vier, fünf Tagen den Pol erreichen. Verheißung, Verführung, aber plötzlich auch - Angst?

„Alles ging gut"

Auf dem Dach des Ballonhangars treffen sie kurz nach 9 Uhr zusammen, Andrée, Strindberg, Fraenkel und der Ersatzmann Svedenborg. Daneben steht noch Monsieur Machuron, der im Auftrag der Ballonfirma mitgereist ist und der wieder und wieder die Hülle auf ihre Dichtigkeit prüft. Abertausende von Nadelstichen in der zusammengenähten Ballonseide sorgen für einen fortwährenden Gasverlust, der immer wieder ausgeglichen werden muß. Aber man hat seit dem Vorjahr gelernt und die Nähte noch einmal doppelt gefirnißt. Doppelt hält besser.

„Sollen wir es versuchen oder nicht?" fragt Andrée kurz und blickt den Mitstreitern in die Augen. So ganz überzeugt ist er nicht. Irgendwas in seinem Gefühl warnt ihn. Fraenkel äußert sich ausweichend. Vor allem ist es wohl Strindberg, der auf einen Start drängt. „Es war herrlich, als die Abfahrt endlich beschlossen wurde", notiert er später in seinem Tagebuch. Und er berichtet weiter von diesen Minuten, in denen sich alles entschied: „Andrée war nachdenklich und sagte nichts. Wir gingen alle drei

wieder an Bord, wußten aber noch nicht, was nun werden sollte. Als wir aber an Bord kamen, sagte Andrée gleich zu Ehrensvärd: ‚Wir haben soeben darüber beraten, ob wir fahren sollen oder nicht; meine Kameraden dringen auf Abfahrt, und da ich keine stichhaltigen Gegengründe habe, werde ich mich wohl fügen müssen, obwohl ich meiner Sache nicht ganz sicher bin. Schick alle Mann an Land, sie sollen anfangen, den Ballonschuppen abzureißen.‘ Da kam aber Leben in die Bude", schreibt Strindberg begeistert, „so willig sind wohl unsere Seebären und Zimmerleute nie an die Arbeit gegangen."

Man frühstückt in aufgekratzter Stimmung, köpft noch eine Flasche Sekt, vergleicht die beiden Chronometer und packt die restlichen Siebensachen. Inzwischen haben die Matrosen an Land den Ballon soweit aufgerichtet, daß die Gondel darunter befestigt werden kann. „Wir ließen einige kleine Ballons aufsteigen, sie sollten uns die Windrichtung angeben", berichtet Strindberg. „Die war günstig. Es war ein erhebender Moment, als der Ballon so hoch schwebte, daß der Tragring sich vom Erdboden hob. Andrée führte den Befehl, jeder half und machte sich nützlich. Alles ging gut. Ich lief herum und machte noch bis zum letzten Augenblick Aufnahmen."

Dann kommt der große Moment des Abflugs: „Er war herzlich und ergreifend, aber ohne alle Rührseligkeit. Andrée rief: ‚Strindberg und Fraenkel, seid ihr klar zum Einsteigen?‘ – ‚Ja!‘ Wir stiegen ein. Wie wohl unsere Fahrt ausgehen mag? Diese Gedanken wollten mich schier überwältigen, aber ich mußte mich beherrschen."

Linke Seite: Die historischen Szenen der Eiswanderung werden oberhalb des 80. Breitengrades in der Originalkulisse der Arktis nachgespielt.

Links: „Alles kappen!" – Das historische Foto vom Mittag des 11. Juli 1897. Die Aufnahme machte Monsieur Machuron, der Beauftragte des Pariser Ballonherstellers.

Das Panorama ist grandios, berauschend. Links vorne die unendliche Weite der See. In diesen offenen Raum zieht es die drei; und rechts die völlig unberührte weiße Bergwelt Spitzbergens - ein hinreißender Anblick, der einem die Tränen in die Augen treiben kann. Atmende, gewaltige Natur, lebendig wie ein riesiges Tier.

„Ein seltsames Gefühl, wunderbar und unbeschreiblich!" schwärmt Strindberg in seinem Tagebuch über die ersten Flugminuten. Betäubt von der Schönheit des Ausblicks und hypnotisiert von der Größe ihrer eigenen Tat, ist die Möglichkeit, umzukehren oder auf der vorgelagerten Insel Vogelsang notzulanden, ihnen keinen Gedanken wert. Und das, obwohl kühle Überlegung einen solchen Schritt hätte nahelegen müssen. Denn schon beim Aufstieg passiert ein entscheidendes Malheur, das den ganzen schönen Plan Andrées zunichte macht - und so etwas wie den „Supergau" des Unternehmens bedeutet: Die Schleppleinen, die die Steuerbarkeit des Ballons gewährleisten sollen und ohne die das Windsegel völlig nutzlos wird, bleiben am Strand zurück! So ist von Anfang an der Ballon, der doch zielgenau den Nordpol erreichen sollte, ein steuerloses Opfer des Windes. Keine Mannschaft der Welt könnte einen solchen Ballon noch lenken!

„Das alte Schweden soll leben!" hatten die drei damals aus der Gondel gerufen, und immer wieder hatten die Zurückgebliebenen mit brüllenden „Hurras" geantwortet. Euphorische Siegesstimmung damals. „In Wirklichkeit haben sie aber niemals eine Chance gehabt", meint unser Ballonpilot und blickt zweifelnd in die nördliche Ferne, dorthin, wo Himmel und Wasser zu blauem Dunst verschmelzen. „Da der Ballon nicht zu steuern war, hätten sie einen exakten Südwind bis hin zum Nordpol gebraucht, und dann einen exakten Nordwind, um wieder zurückzukommen. So einen Wind hat es aber in diesen Breiten niemals gegeben. Und es wird ihn auch niemals geben!"

Der gestürzte Adler

Pannen über Pannen. Wen interessiert schon die Windrichtung, wenn er abzustürzen droht? Und mit so einer Katastrophe ist jetzt zu rechnen! Denn in dem Moment, in dem die Schleppleinen sich lösen und die Kursablenkung nicht mehr wirkt, macht Andrées Ballon eine Viertel Drehung, und der Wind drückt nun direkt von hinten ins Segel. Wie ein Windsack fängt es die von den Bergen herabfallenden Böen ein. Der Ballon beginnt unter dieser Kraft zu sinken! Zusätzlich sind es auch die Ballastleinen, die dieses Unglück noch fördern. Theoretisch sind sie ja eine schlaue Erfindung: Schweres Tauwerk hängt von der Gondel in die Tiefe und beschwert den Ballon. Sinkt er dann - zum Beispiel durch die Abkühlung des Gases in dichtem Nebel -, so legen sich die Taue auf das Eis und entlasten in diesem Moment den Ballon von ihrem Eigengewicht. Die Folge: Der Ballon beginnt allmählich wieder zu steigen, so lange, bis das erneut anwachsende Gewicht der Ballastleinen den Aufstieg bremst. Diese automatische Höhensteuerung funktioniert bei Schwachwind vorzüglich. Jetzt aber – unter den heftigen Böen vor Spitzbergen – wird die Gondel von den nachschleifenden Tauen nach hinten gezogen, während die riesige Ballonfläche durch den Wind kräftig nach vorne gedrückt wird: Das Fluggerät – und mit ihm das Segel – gerät in eine bedenkliche Schrägstellung zum Wind.

Kaum ein paar Minuten nach dem Start taucht die Gondel des *Adlers* in das eisige Wasser der Bucht. Mit offenen Mündern sehen die an Land Zurückgebliebenen, wie die Mannschaft hastig Ballast über Bord wirft, dem Meer wertvolles Gewicht überläßt, das doch später hätte von Nutzen sein sollen. Einer der Männer – anscheinend ist es Fraenkel – hangelt nun im Tauwerk oberhalb der Gondel. Offenbar holt er das Segel ein, das plötzlich zur tödlichen Bedrohung geworden ist. Endlich beginnt der Ballon wieder zu steigen. Jetzt aber – mit einem Mal entlastet von Ballast, Winddruck und Schleppleine – steigt er viel höher als erwartet. Statt der gewünschten 40, 50 Meter werden es gleich 600 Meter! Der Luftdruck läßt in dieser Höhe nach, das Gas im Ballon dehnt sich aus, zusätzlich erwärmt durch die Sonne, die auf die dunkle, rotbraune Außenhülle strahlt. „Die einzigen Geräusche sind einige Vogelschreie und das Pfeifen des Ventils", notiert Strindberg in seinem Notizkalender. Das „Pfeifen des Ventils"! Das bedeutet doch nichts anderes, als daß der Ballon schon jetzt Gas verliert! Wertvolles Gas, das aus dem Überdruckventil entweicht. Auftrieb, der unwiederbringlich für den weiteren Flug verlorengeht!

Arktisches Packeis, aufgenommen aus tausend Metern Höhe.

Alles läuft irgendwie anders, als sie es sich gedacht haben. Selbst die Karte, die Strindberg als „letzten Gruß" an die Verlobte über der Vogelsang-Insel abwerfen wollte, behält er vor Aufregung in der verkrampften Hand. Alles wirkt wie ein erster, gutgemeinter Versuch – und dabei geht es doch längst ums Ganze!

Bereits zweieinhalb Stunden nach dem Aufstieg dreht der kräftige Wind zunehmend von Süd auf Südwest, und noch keine 14 Stunden später treibt der Ballon schon direkt nach Westen. Auf den Wind ist in diesen Breiten kein Verlaß. Kaum 12 Stunden nachdem die Hochrufe auf der Däneninsel verklungen sind, steht der Ballon zeitweise in dichtem Nebel und völliger Windstille. „Alles trieft und der Ballon wird arg heruntergedrückt", notiert Andrée frustriert. Immerhin ist man zu diesem Zeitpunkt dem Pol um 280 Kilometer näher gekommen. Von dieser Stelle aus wird sich der Ballon dann aber im Laufe der nächsten 53 Flugstunden bis zu seiner Landung kaum mehr als 80 Kilometer weiter in Nordrichtung bewegen. Um den Nordpol zu erreichen, hätten noch weitere 800 Kilometer in exakt nördlicher Richtung zurückgelegt werden müssen.

Ausreichend Zeit und Proviant hätte für eine solche Fahrt allerdings zur Verfügung gestanden. „30 Tage“, so hatte Andrée vor dem Abflug getönt, könnte sich der Ballon angesichts der dichten Hülle und des geringen Gasverlustes in der Luft halten, und so lange müßten auch die Vorräte reichen. Das war perfekt berechnet – aber fern jeder Realität. Denn sieht

Unten: Noch am Tag vor der Landung des *Adlers* schreibt Andrée in sein Tagebuch, daß der Ballon das Gas gut hält.

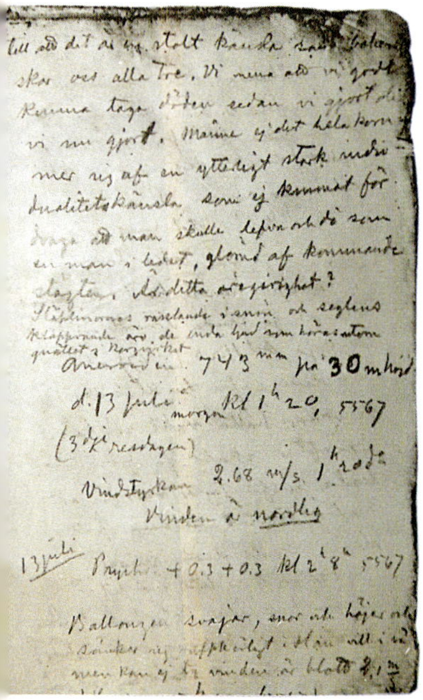

Rechts oben: Vereisung der Ballonhülle und Gasverlust führten dazu, daß sich die Mannschaft nach fast drei Tagen zur Notlandung entschloß.

man einmal davon ab, daß bereits wenige Minuten nach dem Start allein der kräftige Wind den Ballon wieder zu Boden drückte, so ist das schnelle Scheitern der Flugexpedition nach nur 65 ½ Stunden schlicht darauf zurückzuführen, daß der *Adler* nicht mehr fliegen konnte. Der frühe, ungeplante Gasverlust, die spätere extreme Abkühlung des Gases in dichtem Nebel und nicht zuletzt die tonnenschwere Vereisung des gesamten Ballons, auf die man überhaupt nicht vorbereitet war, machten alle Berechnungen zunichte. Das fortwährende „Stempeln des Eises“ – wie Andrée das dauernde Aufstoßen und Wiederaufhüpfen der zu schweren Gondel in der letzten Phase der hilflosen Fahrt nennt – führte zu seekranker Ruhelosigkeit und zermürbte schließlich die Mannschaft. Bei allem Pioniergeist und allen hochfliegenden Plänen wurde man die Sache unter diesen Bedingungen schnell leid. „6.20 Uhr“, schreibt Andrée kurz und knapp am 14. Juli 1897 in sein Tagebuch, „ging der Ballon in die Höhe, aber wir öffneten beide Ventile." Und er fährt ganz sachlich fort, als handle es sich um die Schilderung eines kleinen Problems und nicht um das Ende all der großen Träume: „8.11 Uhr sprangen wir aus der Gondel."

Ein Dummkopf – oder ein Schwede?

Irgendwie scheinen sie beinahe froh zu sein, daß nun alles vorbei ist. Hatten sie im tiefsten Inneren nicht längst geahnt, daß die Polüberquerung

„Fototermin" am gestürzten *Adler*. Strindberg machte gleich nach dem Aufsetzen des Ballons gut ein Dutzend Bilder.

eine echte Illusion war? Oder sogar eine lästige Verpflichtung, die man endlich abzuschütteln ersehnte?

Jedenfalls hatte man das Gesicht gewahrt. Man hatte sich ernsthaft mit einem Ballon Richtung Nordpol aufgemacht und war ihm auch deutlich näher gekommen. Und dann hatte man noch stundenlang das „Eisstempeln" geduldig ertragen, schließlich war es aber genug. Man hatte seine Pflicht und Schuldigkeit getan, und außerdem war es ja keine Schande, den Nordpol nicht zu erreichen. Auch allen anderen war es so ergangen.

Da stehen sie jetzt inmitten des endlosen Weiß, ungefähr auf 82° 56' nördlicher Breite und 29° 52' östlicher Länge, und wissen nicht, was auf sie zukommen wird. Keiner von ihnen hat ausreichende Erfahrungen, um in dieser Region dauerhaft zu überleben, auch Andrée nicht, der lediglich einige Monate als wissenschaftlicher Assistent in einer gut organisier-

Überleben im Eis. Während sich Strindberg um das mitgeführte Faltboot kümmert, notiert Andrée peinlich genau jede Beobachtung in sein Tagebuch. Im Hintergrund Fraenkel.

ten Polarstation gearbeitet hat. Über die dilettantische Ausstattung der drei wurde später oft der Kopf geschüttelt, und noch heute sind im Museum zu Gränna die dünnen Mäntel, die weißen Handschuhe Andrées, die Krawatte und die seidene Fliege zu bewundern, mit denen man sich dem Pol nähern wollte. Dennoch - oder gerade aufgrund dieser Blauäugigkeit - ist die Stimmung gut, und Strindberg macht noch schnell eine ganze Reihe von Fotografien, die 33 Jahre später aus dem Schnee der Insel Vitö geborgen und entwickelt werden konnten und die die vielleicht eindringlichsten Dokumente dieser Expedition sind. Da sind Andrée und Fraenkel zu sehen, die in merkwürdiger Lässigkeit an der Gondel des gestürzten *Adlers* lehnen. Auch noch später, wenn man Eisbären erlegen und das Faltboot über Eisbarrieren ziehen wird, wird man sich in Positur werfen - stolz auf sich, auf Schweden und die Wissenschaft. Wie hatte eine österreichische Zeitung doch gelästert, bevor sie sich aufmachten? Jeder, der behaupte, er wolle in einem Ballon zum Nordpol und zurück, sei entweder ein Dummkopf, ein Scharlatan - oder ein Schwede. Sie waren Schweden! Und das von ganzem Herzen!

Der 25jährige Strindberg schreibt noch immer Briefe an seine Verlobte in sein Tagebuch. „So, jetzt weiß Dein Nils, was es heißt, übers Polareis zu stapfen", teilt er ihr munter mit, obwohl die Aussichten da gar nicht mehr gut stehen. Und: „Man hat hier soviel Zeit, nachzugrübeln, und es tut so wohl, freundliche Erinnerungen und so frohe Zukunftsaussichten zu haben und sie sich auszumalen." „Frohe Zukunftsaussichten ..." - ein Kind pfeift in einem dunklen Wald, wenn es sich Mut machen will.

Aber auch ein solcher Trost trägt ein Verfallsdatum in sich, das von Mühsal und Pein des mörderischen Eismarsches bestimmt wird. Am 31. Juli, 10 Uhr vormittags, schreibt er die letzten Worte an die Verlobte: „Am 26. Juli setzten wir über die Eisrinne und packten jenseits die ganze Ladung aus, um einen Teil unserer Verpflegung und Ausrüstung liegenzulassen." Hier bricht der Bericht ab. Vielleicht wurde Strindberg durch irgendeine Aufgabe unterbrochen, vielleicht war ihm der Gedanke an zu Hause plötzlich kein Trost mehr, sondern herbe Belastung. Wie erschöpft muß ein Mensch sein, um freiwillig Ausrüstung und Lebensmittel zurückzulassen? Und begräbt er damit nicht zugleich ein großes Stück Hoffnung unter Eis und Schnee? Bedeutet das nicht – Kapitulation? Und was ist dann noch eine Liebe? Vielleicht ein letzter Rest von Wärme, den man ganz tief im Herzen versenkt, unerreichbar für alle Tagebücher.

Noch über eineinhalb Monate wird Strindberg gegen seinen endgültigen Untergang ankämpfen. An seine Verlobte wird er von nun an kein einziges Wort mehr schreiben!

„Mag kommen, was da will ..."

Nichts in dieser Landschaft ist eben. Aufgetürmte Preßeishaufen wechseln ab mit angeschmolzenen Eisschollen, in die man tief einsinkt und auf denen oft tiefe Tümpel von Schmelzwasser stehen. Und dann tun sich ganz plötzlich Risse im Eis auf, die sich eilig in beeindruckende Rinnen verwandeln. An anderer Stelle verdichtet sich das Wasser zu einem morastigen Sumpf aus Abermillionen von Eisstücken, die das Auftreten mit dem Fuß nicht gestatten, zwischen denen aber auch jedes Ruderboot steckenbleibt. Mühselig und kräftezehrend ist so eine Reise über einen Untergrund, der weder fest noch flüssig ist. Andrée ermahnt sich in seinem Tagebuch am 29. August nachzuholen, was er jetzt nicht mehr die Kraft hat auszuführen: „In den Einzelheiten schildern: Schwierigkeiten mit dem Eis, den Torossen, dem Schmelzwasser, den Pfuhlen und Rinnen und Brucheisfeldern." An ihren besten Tagen schaffen die drei Kameraden acht bis zehn Kilometer, indem sie durchweg gute 16 Stunden auf den Beinen sind; oft sind es aber auch weniger als 1000 Meter.

Doch das Hauptproblem in der Arktis ist die Eisdrift. Mag sich ein Wanderer im ewigen Eis noch so zielstrebig Meter für Meter

Mühselig ist der Weg über aufgetürmte Preßeishaufen und aufbrechende Eisschollen. Strindberg schoß dieses Foto mit einem eigens konstruierten Fernauslösers.

Statt den Rückweg nach Spitzbergen anzutreten, hoffen die gescheiterten Ballonfahrer darauf, das weiter nördlich gelegene Franz-Joseph-Land zu erreichen, und verbrauchen bei diesem Marsch gegen die Eisdrift ihre besten Kräfte.

vorwärtsquälen, die Eisfläche unter seinen Füßen verschiebt sich fortwährend in eine Richtung, die von der Meeresströmung bestimmt wird. Alle Mühe ist dann vielleicht umsonst. Genau aber dieses Handicap stellt sich Andrée, Strindberg und Fraenkel. Unglücklicherweise beschließen sie, zum östlich gelegenen Franz-Joseph-Land vorzustoßen, wahrscheinlich, weil sie dort ein Lebensmitteldepot bei Kap Flora erhoffen und sie von Fridtjof Nansen wissen, daß man dort den Winter überleben kann. 13 Tage lang marschieren sie unter unendlichen Strapazen in südöstlicher Richtung und verbrauchen während dieser Zeit ihre besten Kräfte. Die Peilung Strindbergs am 3. August ergibt schließlich, daß sie sich seit dem 14. Juli keine 30 Seemeilen von ihrem geographischen Ausgangspunkt fortbewegt haben – und das auch noch in südwestlicher, also eher entgegengesetzter Richtung, als sie es geplant hatten. Eine niederschmetternde Erkenntnis! Gegen die Eisdrift ist nicht anzukommen.

„Wir geben es auf, nach Osten zu pilgern“, schreibt Andrée am 4. August, und seine herbe Enttäuschung ist hinter der aufgesetzten Heiterkeit deutlich spürbar. „Eis und Strömung sind unüberwindlich. Wir werden nichts erreichen, wenn wir auch noch so eifrig nach Osten übers Eis stapfen.“

Aber auch nicht, wenn sie – wie jetzt – die Richtung nach den „Sieben-inseln“, der nördlichsten Inselgruppe vor Spitzbergen, einschlagen! Gute sieben bis acht Wochen kalkulieren sie für den neuen, beschwerlichen Weg nach Südwesten – deprimierend genug. Aber bald schon werden sie merken, daß die Eisdrift auch diese Pläne durchkreuzt und daß sie statt dessen unweigerlich in die große Durchfahrt zwischen Spitzbergen und Franz-Joseph-Land getrieben werden. Niemals auf diesem Eismarsch bestimmen die drei Pioniere wirklich ihre Richtung selbst, immer ist es die Natur, die vorschreibt, wohin die Reise geht. Wie sagt der Abenteurer Arved Fuchs, der vor einigen Jahren sowohl den Nord- als auch den Südpol „erwandert“ hat: „Zuerst kommt die Natur, und erst ganz zuletzt kommen deine Wünsche! Das mußt du hier lernen.“

Andrée und seine Gefährten lernen nicht. Wie sollten sie auch? Sie sind Kinder ihrer Zeit und glauben an die Überwindung der Natur durch die Kraft des Kopfes. Sie setzen auf die Kraft der Rationalität, auf die überlegene, menschliche Entschlußkraft. Daß sie dennoch die bittere Enttäuschung ihrer Glaubenswelt mit Humor zu nehmen verstehen, beweist die eigentliche Größe dieser Abenteurer. „Polargebiete sind ganz sicher die Heimat des großen Ärgernisses“, notiert Andrée mit Galgenhumor. Und: „Wir begreifen jetzt die Kunst der Armen: nichts mißachten. Und noch eine Kunst: nicht an morgen denken.“ Ja, sie lernen doch ... Neue Erkenntnisse, zum Beispiel im Hinblick auf den „haarenden“ Schlafsack aus Rentierfell: „Einige Rentierhaare im Essen sind warm zu empfehlen, das Herausfischen hindert einen daran, gar zu schnell und gierig zu schlingen.“ Oder: „Nasse Strümpfe trocknet man am besten, indem man sie über die Filzsocken zieht und damit herumläuft.“ Sie lernen ...

Und sie scheinen etwas zu entwickeln, was diesen elenden Marsch überhaupt erst möglich macht: wirkliche Freundschaft. „Mit solchen Kameraden kann man durchhalten, mag kommen, was da will“, schreibt Andrée an das Ende seines ersten Tagebuchs am 3. Oktober. Kaum zwei Wochen werden sie da noch leben ...

Von den beiden „Kameraden“ ist es vor allem Fraenkel, der in Andrées Tagebuch mehrmals mit humorigen Sprüchen zitiert wird. Dabei ist gerade er es, der ansonsten als Charakter am wenigsten faßbar wird. Kein persönliches Wort ist von ihm überliefert. Das Tagebuch, das er verfaßte, enthält ausschließlich metereologische Beobachtungen. Während sich Andrée mit seiner Tat ein dauerhaftes Denkmal als todesmutiger Pionier setzt und Strindberg als Romantiker und empfindsamer Liebhaber „medienwirksam“ in die Geschichte eingeht, bleibt Fraenkel merkwürdig blaß.

Nur der amerikanische Komponist Dominick Argento setzt diesem unauffälligen Helden in seinem Gesangswerk „The Andrée Expedition" ein – freilich fiktives – Denkmal. Er schildert Fraenkel als den letzten Überlebenden, der allein inmitten des eiskalten Grauens nach dem letzten Sinn des Unternehmens sucht: „Nun verstehe ich, was Andrée bis zum Ende durchhalten ließ, obwohl er von Anfang an wußte, daß unsere Reise scheitern mußte", läßt er den Vereinsamten bitter resümieren. „Wenn die Jahre kommen und unsere gefrorenen Körper gefunden werden und nach Hause, nach Schweden, gebracht werden, dann wird nach all dem Furchtbaren strahlender Ruhm aufleuchten. Und selbst Strindbergs dummes Beispiel wird von der Nachwelt in eine Liebeslegende verwandelt werden. Aber ich, Fraenkel, der ich die Winde gemessen und die Sterne gezählt habe, ich werde mich wieder und wieder fragen: Was zog mich zum Nordpol wie die zitternde Nadel eines Kompasses? War es vielleicht nur das eine: Hier allein zugrunde zu gehen, inmitten der heulenden Winde der arktischen Nacht, und dabei immer wieder die nicht zustellbaren Liebesbriefe einer simplen Seele und das schon verblichene Tagebuch eines stolzen Schweden zu lesen? War es nur das?"

Unten: Von wahren Schießorgien berichtet Andrée in seinem Tagebuch. Andrée und Fraenkel – sichtbar stolz – in der Pose von Großwildjägern.

Steckt eine historische Wahrheit in dieser Fiktion? Blieb Fraenkel tatsächlich allein zurück, verwirrt über sich selbst und den tragischen Lauf der Dinge, träumend, phantasierend, sinnierend am Strand von Vitö in den späten Oktobertagen des Jahres 1897?

Rechts: Eisbären stehen inzwischen unter strengstem Naturschutz. In der Region um Spitzbergen sind sie heute zahlreicher als die dort ansässigen Menschen.

Noch einmal, gut zweieinhalb Wochen vor dem Ende, sprechen die Tagebücher von Hoffnung. Da treiben die drei auf einer Eisscholle in südliche Richtung, und die Peilung Strindbergs verrät, daß es endlich zügig vorangeht. Dennoch bereitet man sich auf eine Überwinterung vor, oder zumindest auf herbstlich-kaltes Wetter. Zwar leiden alle immer wieder an Bauchkrämpfen und schweren Durchfällen, und auch ein „permanenter Katarrh", wie Andrée schreibt, macht sich unangenehm bemerkbar. Aber Fraenkels schmerzhaftes Bein - er hatte sich das Knie ausgerenkt - scheint endlich geheilt. Und überhaupt: Mit den mühsamen Gewaltmärschen, die immer mal als „Plantschvergnügen" im eiskalten Wasser enden, wie Andrée mit bitterem Witz notiert, ist es jetzt endgültig vorbei. Und zu essen gibt es auch genug! Vor allem Eisbärenfleisch, von dem sich die drei mit wahren Schießorgien einen Vorrat anlegen, der bis zum Frühjahr reichen soll.

Besonders Strindbergs Überlebenswille scheint in diesen Tagen noch einmal hell aufzuflackern. Nach einem regelrechten Bauplan, der sich in seinem Notizkalender erhalten hat, entwirft er eine feste Eishütte mit Schlaf-, Wohn- und Vorratsraum. Der „eifrige Architekt", wie Strindberg von Andrée genannt wird, „wendet ein Verfahren an, das er selbst erfunden hat. Es besteht darin, daß er Schnee und Süßwasser aus den Pfützen der Eisscholle mischt, diese Masse zu Mauern türmt und gefrieren läßt." Man tauft die Hütte „Daheim" und hat es darin „recht gemütlich".

Doch nur zwei Tage lang. Am 2. Oktober um halb sechs Uhr morgens bricht das Unglück herein. Da spaltet sich unter ihren Füßen die Eisscholle, auf der ihr Haus steht, und Wasser läuft zu ihnen in den Schlafraum. Die Rückwand des Iglu hängt plötzlich am Dach, statt es zu stützen. Vor dem Eingang sehen die drei erschüttert, was lautes Krachen und Poltern sie gleich ahnen ließ: „Die schöne große Eisplatte ist in eine Menge klei-

Die Konstruktionszeichnung der Eishütte von Strindberg. Die Sehnsucht nach einer schützenden Unterkunft hat den Zeichner offenbar zu einer liebevollen Ausgestaltung jedes Details animiert.

ner Schollen zerborsten." Und was noch schlimmer ist: Ausrüstungsgegenstände und Lebensmittel treiben auf den Trümmern davon.

Mit einer letzten großen Anstrengung, die aus dem Trotz der Enttäuschung erwächst, schaffen sie es, ihre Habe mit dem Faltboot auf die nahe Insel Vitö, die „weiße Insel", zu retten. Aber was ist das für eine Rettungsinsel? Ein Ort schlimmer als der Tod! Ein über und über vergletschertes Ödland im Osten Spitzbergens, das an Lebensfeindlichkeit kaum zu überbieten ist. „Niemand hat den Mut verloren", schreibt Andrée eigensinnig. Wer soll ihm das glauben?

Jetzt kommt der Herbst, jetzt kommt die Dunkelheit, jetzt kommt der furchtbare Polarnebel. Erinnerten sie noch, was Polarforscher Nansen nach seiner Rückkehr aus dem Eis schaudernd berichtet hatte? „Wenn dich der unendlich zähe Eismeernebel zudeckt und das Blaue über dir und um dich verhüllt, und alles wird grau; feuchte Dünste tagein, tagaus: Dann brauchst du die ganze Widerstandskraft deiner Seele, um nicht in dieser beklemmenden Umarmung zu ersticken. Nebel, Nebel, wohin du blickst. Er setzt sich in die Kleider und durchnäßt sie. Seine trüben Schwaden ziehen dir in Seele und Gemüt. Grau wird alles um dich und in dir."

„Nach Hause ..."

Tatsache ist, daß Strindberg der erste von den dreien war, der sterben mußte. Die Freunde bereiteten ihm zwischen zwei Felsen ein notdürftiges Grab. Warum Strindberg starb und was danach geschah, verhüllte die Polarnacht als ewiges Geheimnis und gab Anlaß zu mancher Spekulation. Setzten Andrée und Fraenkel ihrem Leben in der ausweglosen Situation vielleicht selbst ein Ende? Nahmen sie Gift? Und wie starb Strindberg? An den Folgen eines Unfalls, einer Krankheit – oder gar eines tödlichen

Die letzten Tage auf Vitö, der „weißen Insel". Im Vordergrund das Grab Strindbergs. (Szenenbild)

Streits, der unter den Hoffnungslosen ausgebrochen sein mag? Keine Zeile in den Tagebüchern verrät etwas über diese letzten, grausamen Tage.

Nur noch Wortfragmente sind in dem zweiten Tagebuch zu entziffern, das Andrée in diesen Tagen zu schreiben beginnt und das in seiner linken Brusttasche später mit ihm verwesen wird. Knapp viereinhalb Seiten sind es, die er noch bekritzeln wird, bevor sich das ewige Eis auch über ihn legt. Kein Wort vom Tod Strindbergs. Schweigen über diese letzten Dinge. Nur von „Dunkelheit" ist da die Rede, vom „Umzug" und dem „Nordlicht, das nicht wärmt". Von „Schneesturm" und „Erkundung", von schrecklichem „Krachen" und „Knirschen draußen auf dem Meer".

Die Wetterbeobachtungen Fraenkels haben ganz aufgehört. Und Andrée setzt nur noch einzelne Worte neben die gedruckten Datumsangaben in seinen Übersichtskalender. Ganz kurze Erlebnisfragmente. Seine Notizen enden am 17. Oktober: „Nach Hause 7.05 Uhr vormittags", schreibt er neben das gedruckte Datum. Was wird er damit gemeint haben? Hatten sie in einer letzten Anstrengung eine Wanderung Richtung Spitzbergen versucht, und waren sie dann gescheitert und zurückgekehrt in ihre öde Verbannung, in der sie nicht einmal mehr eine so bescheidene Behausung wie auf der Eisscholle zustande brachten? Oder berührte der verwirrte Sinn des Sterbenden vielleicht den Saum glücklichster Erinnerung? Damals, in ganz weiter Ferne, damals in Stockholm ... nach Hause!

Als 33 Jahre später die Robbenfänger der *Bratvaag* und wenige Tage danach der Reporter Knut Stubbendorff an Bord der *Isbjörn* das letzte Lager der drei entdeckt und dessen Reste geborgen hatten, schien der Fall sonnenklar: Die großen schwedischen Pioniere waren für die Sache Schwedens einen Heldentod gestorben. Sicher erfroren. Nach tapferem Überlebenskampf. Schnell, allzu schnell, äscherte man die Leichen ein und begrub sie unter weltweiter Anteilnahme der Öffentlichkeit und mit allen militärischen Ehren. Erst viel später erwachte man aus dem nationalen Taumel und begann nach der eigentlichen Todesursache zu forschen. Vielleicht doch Selbstmord aus Verzweiflung? Oder eine Kohlendioxyd-Vergiftung durch das defekte Kochgerät? Ein Unglück, ein Streit? Für eine Obduktion der Leichen, die vielleicht Licht in das Dunkel der Spekulation hätte bringen können, war es zu spät.

Es sollte noch einmal zwanzig Jahre dauern, bis der dänische Arzt Dr. Tryde eher durch Zufall auf die mögliche Todesursache stieß. Verhungert konnten die drei ja nicht sein, soviel stand fest – angesichts der zahlreichen Eisbärknochen, die man bei den Toten fand. Und auch jede Menge Treibholz, mit dem man hätte Feuer machen können, lag säuberlich geschichtet vor dem Camp.

Dr. Tryde erinnerte sich an Krankheitsberichte, die das deutsche Oberkommando der Marine in den letzten beiden Kriegsjahren in Ostgrönland, Spitzbergen und Karl-Joseph-Land angefertigt hatte und die ihm der

Zufall in die Hände spielte. Die dort geschilderten Symptome – Katarrh, Durchfall, Bauchstechen – erinnerten frappierend an das Krankheitsbild, wie es Andrée in seinen Tagebüchern schildert. Die Untersuchungen der Militärärzte hatten nun ergeben, daß alle Patienten Eisbär- oder Robbenfleisch gegessen hatten. Dabei hatten sie sich mit Trichinen infiziert, die zu Abertausenden im Fleisch der Tiere nachzuweisen waren. „Trichinose“ – das war die einfache Lösung des medizinischen Rätsels. Eine gefährliche Parasitenkrankheit, die zuletzt zum Tode führen kann.

Dr. Tryde machte sich an die Arbeit. Aus den Resten der Eisbärknochen, die man mit allen anderen Überbleibseln des Lagers aufbewahrt hatte, präparierte er Fleischreste und mikroskopierte das 56 Jahre alte Gewebe. Tatsächlich! Deutlich waren unter dem Mikroskop die typisch rundgeringelten Krankheitserreger auszumachen. Keine Frage: Auch die Eisbären, von denen die drei Pioniere gegessen hatten, waren mit *Trichina spiralis* verseucht!

Wurden die großen schwedischen Helden folglich Opfer der winzigen Trichinen? War Trichinose in allen drei Fällen die Todesursache? Sollten Andrée, Strindberg und Fraenkel zugleich an derselben Krankheit gestorben sein? Das ist doch eher unwahrscheinlich. Die Fundumstände lassen aber eindeutig auf ein fast gemeinsames Sterben innerhalb eines Zeitraums von etwa 24 Stunden schließen.

Endgültige Gewißheit kann es im siebten Jahrzehnt nach der Einäscherung der Leichen nicht mehr geben. Was bleibt, ist das Rätsel, das in den anrührenden Worten „nach Hause“ liegt – und der Respekt, den der mutige Versuch abnötigt, eine Leistung zu erbringen, die erst dreißig Jahre nach dem Tod der drei gelang: den Nordpol aus der Luft zu erreichen.

Oben: Hakan Jorikson, Leiter des Andrée-Museums in Gränna, entfernt einen Fleischpartikel von der Wirbelsäule des Eisbären, dessen Knochen neben dem Lager der Pioniere 1930 gefunden wurden. Noch heute läßt sich mit diesem Fleischrest der Trichinenbefall des Bären nachweisen.

Rechts: Die bergige Eislandschaft Spitzbergens fasziniert mit ihr endlosen Weite.

Bildnachweis

Herausgeber und Verlag danken ganz besonders Dieter Dengler, seinem Bruder Klaus Dengler, den Regisseuren Martin Papirowski und Eike Schmitz, dem Polarexperten Arved Fuchs sowie der Picture Press Agentur Hamburg für ihre wertvolle Hilfe bei der Bildbeschaffung.

Wir danken auch allen öffentlichen und privaten Leihgebern und Archiven für die Bereitstellung von Bildmaterial. Trotz intensiver Recherchearbeiten konnte für einige Abbildungen der Verbleib der Urheberrechte nicht eindeutig geklärt werden, wofür wir um Verständnis bitten.

Die *Dagmar Aan*, das Expeditionsschiff des Abenteurers Arved Fuchs, fährt vorsichtig durch das Eismeer vor Spitzbergen.

Andrée Museum, Gränna: 132, 141, 144 rechts, 145, 146, 147, 150 oben
Atlantis-Film/Eike Schmitz, Berlin: 106 rechts, 108, 112/113, 117, 118, 119, 120, 121, 122, 128
Atlantis-Film, Berlin: 103, 123, 126
Batavia Werft, Lelystad: 51 oben
Bibliothèque Nationale, Paris: 45 rechts
Camerapix, Nairobi: 74/75, 76, 94
Church of Jesus Christ of Latter-Day Saints: 111
Max Cramer, Private Collection, Geralton/Australien: 58
Fabrizio Crippa, Bergamo: 21, 59 oben, 73 rechts unten, 110
Dieter Dengler, San Francisco: 11, 12, 17, 18, 19, 23, 37, 39, 40
Klaus Dengler, Rothenburg: 14
Dukas/Allsport USA (Jed Jacobsohn): 129
Wolfgang Ebert, Bad Soden: 43, 48, 50, 59 unten, 115
Christian Février, Paris: 42, 44 links, 47, 49, 51 rechts
Arved Fuchs, Bad Bramstedt: 131
Werner Herzog, München: 8, 10, 22, 24, 30, 38, 41
Günther Klein, Wiesbaden: 130, 133, 137, 140, 144 links, 148, 151, 152, 154, 155, 156
Königlicher Palast Amsterdam/ Erik Hesmerg: 7
Library of Congress, Washington: 104 links, 107 oben
David Livingstone. Aus: Missionsreisen und Forschungen in Süd-Afrika. Leipzig 1858: 72, 73 links, 79, 80, 82, 88, 97
Mormon Church Historical Department: 104 rechts
Museum of Ancient Art, Brüssel: 2
MVG Archiv: 20, 27, 28
National Gallery, London: 52 rechts
Jonas Nöcker, Duisburg: 81, 85, 87, 90, 91, 99, 100
The Oakland Museum: 105
Martin Papirowski, Dortmund: 56, 60, 61, 63, 67, 68 oben, 69
Brando Quilici, Rom: 138, 143, 150 unten
Tina Radke-Gerlach, Nieder-Olm: 74 links unten, 77, 78, 83, 92, 95
Rijksmuseum, Amsterdam: 44/45 Mitte, 52 links
Rijksmuseum, Den Haag: 62, 68 unten
Schwedische Gesellschaft für Anthropologie und Geographie, Stockholm: 134, 135
Utah State Historical Society: 102, 106 links, 109
Zentralbibliothek, Luzern: 52 Mitte, 107 unten, 114

Die Autoren

Jens-Peter Behrend, geboren 1945. Studium der Soziologie, Amerikanistik und Theaterwissenschaft. Von 1974 bis 1980 Redakteur beim Sender Freies Berlin, seitdem freiberuflicher Autor und Regisseur von zahlreichen Kinder- und Jugendprogrammen, Fernsehspielen und Fernsehdokumentationen. Der Bildteil des Beitrags „Desaster am Teufelstor" wurde von Eike Schmitz betreut.

Wolfgang Ebert, 1940 in Berlin geboren, studierte Germanistik, Kunstgeschichte und Publizistik (Promotion 1967). Redakteur beim ZDF. Autor erfolgreicher Fernsehfilme, Serien und Bücher (u. a. *Abenteuer Australien, Abenteuer Südsee, Wilder Westen*). Mehrere Foto- und Fernsehpreise.

Werner Herzog, geboren 1942 in München. Studium der Geschichte, Literatur- und Theaterwissenschaft in München und Pittsburgh / USA, abgebrochen. Autodidaktischer Zugang zur Filmarbeit. Silberner Bär bei der Berlinale 1968 für den ersten Spielfilm, *Lebenszeichen;* Sonderpreis der Jury der Filmfestspiele Cannes 1975 für *Jeder für sich und Gott gegen alle;* Regiepreis der Filmfestspiele Cannes 1982 für *Fitzcarraldo;* mehrere Bundesfilmpreise. Seit 1963 eigene Produktionsfirma in München.

Günther Klein, geboren 1956. Studierte evangelische Theologie, Kunstgeschichte und Journalistik in München, Wien und Mainz. Seit 1983 als Autor und Regisseur bei verschiedenen Fernsehsendern tätig, darunter vier Jahre beim Südwestfunk. Seit 1991 Redaktionsleiter der IFAGE Filmproduktion in Wiesbaden.

Tina Radke-Gerlach, geboren 1957. Nach Studienabschluß freie Journalistin, seit 1983 Filmautorin und Produzentin für das ZDF und arte. Dreht Dokumentationen und Reportagen mit den Themenschwerpunkten Kultur, Expeditionsreisen, Tierbiologie. Buchautorin und Veröffentlichung zahlreicher Fotoreportagen. Preisträgerin beim Internationalen Naturfilmfestival BIOVISION 1996 und beim Internationalen Berg & Abenteuerfilmfestival 1997 für die Dokumentation „Teufelsritt auf dem Highway Gottes“.